Abhandlungen

des

kriminalistischen Seminars

an der Universität Berlin.

Herausgegeben

von

Dr. Franz v. Liszt,

ord. Professor der Rechte zu Berlin.

Neue Folge. Sechster Band. 2. Heft.

Dr. Josef Reinhold: Die Chantage.

Berlin 1909.

J. Guttentag, Verlagsbuchhandlung,

G. m. b. H.

DIE CHANTAGE.

Ein Beitrag zur Reform der Strafgesetzgebung.

Von

Dr. Josef Reinhold.

Berlin 1909.

J. Guttentag, Verlagsbuchhandlung,

G. m. b. H.

„Tranchons les doutes, comblons les lacunes, venons en aide à des efforts louables et n'obligeons plus les tribunaux à une interpretation délicate pour parvenir à punir un acte éminemment coupable."
(Exposé des motifs de la loi de 1863.)

Art der Anführung von Entscheidungen.

a) S. = Recueil général des lois et des arrêts ... fondé par J.-B. Sirey, Paris 1809—1908, 123 Bände; S., 78, 1, 238 = Sirey, Jahrgang 1878, erster Teil, Seite 238.

D. = Dalloz, Jurisprudence générale. Recueil périodique et critique de jurisprudence, de législation, et de doctrine ... Paris 1845—1908, 66 Bände. D. 78, 1, 238 = Dalloz, Jahrgang 1878, erster Teil, Seite 238.

b) Pasic. = Pasicrisie belge. Recueil général de la jurisprudence des cours et tribunaux de Belgique. Bruxelles. Pasic. 1879, 1, 45 = Pasicrisie belge, Jahrgang 1879, erster Teil, Seite 45.

c) RGSt. = Entscheidungen des Reichsgerichts in Strafsachen.

RGRspr. = Rechtsprechung des Reichsgerichts in Strafsachen.
Die römische Ziffer bezeichnet den Band, die arabische die Seitenzahl.

d) OGH. = Sammlung strafrechtlicher Entscheidungen des k. k. obersten Gerichts- als Kassationshofes. Auf Veranstaltung von Glaser, herausgegeben von Adler, Krall und Walther.

Kass.-H. = Entscheidungen des k. k. obersten Gerichts- als Kassationshofes, ursprünglich herausgegeben von Nowak, dann von Coumont und Schreiber und seit 1900 veröffentlicht von der k. k. Generalprokuratur. Die arabische Ziffer bezeichnet die Nummer der Entscheidung.

Allgemeine Bemerkung: Mit dem Namen des Verfassers ist dasjenige Werk zitiert, welches in der dem Abschnitt vorausgeschickten Literatur genannt ist.

Es gereicht mir zu hoher Genugtuung, meinem hochverehrten Lehrer, Herrn Hofrat Professor Dr. Carl Stooss in Wien, Herrn Geheimen Justizrat Professor Dr. Franz von Liszt in Berlin und Herrn Professor Dr. Alexander Löffler in Wien für die Förderung meiner wissenschaftlichen Bestrebungen den ergebensten Dank zu erstatten; desgleichen möge dem hohen österreichischen Ministerium für Kultus und Unterricht für die Gewährung eines Reisestipendiums der aufrichtigste Dank ausgesprochen werden.

Herrn Referendar Siegfried Bleeck in Charlottenburg danke ich herzlichst für die liebenswürdige Unterstützung bei der Korrektur.

Inhaltsverzeichnis.

Seite

VIERTER ABSCHNITT.

Kritische und legislative Erwägungen.

Einleitung.

Die vorliegende Arbeit stellt sich zur Aufgabe die Lösung der Frage, ob es kriminalpolitisch richtig ist, einen selbständigen Tatbestand der Chantage, namentlich in einem zukünftigen Strafgesetzbuch für Deutschland und Österreich, aufzustellen.

Das Problem ist der deutschen Wissenschaft seltsamerweise so gut wie fremd geblieben. Stämpfli, der einzige Schriftsteller, welcher der Chantage eine größere Abhandlung gewidmet hat, verkennt das Problem; schon in der Einleitung sieht er sich veranlaßt, „vorauszunehmen", daß „wir in „„chantage"" einen Spezialfall der Erpressung zu erblicken haben", wählt zum Ausgangspunkt seiner Arbeit die Erpressung nach deutschem Recht und gelangt zu einem Ergebnis, welches nur seine vorgefaßte Meinung zum Ausdruck bringt.

In der vorliegenden Arbeit ist zur Lösung des Problems folgender Weg eingeschlagen worden. Zum Ausgangspunkt ist die Chantage als Erscheinungsform im Leben gewählt worden: auf Grund einer dem Leben entnommenen Kasuistik [1]) soll versucht werden, im Wege der Analyse und der synthetischen Abstraktion den Begriff der Chantage festzustellen. (Abschnitt I).

An der Hand des so gewonnenen Begriffs der Chantage wird die strafrechtliche Behandlung der Chantage in denjenigen Staaten untersucht, deren Gesetz keinen selbständigen Tatbestand der Chantage kennt; diese Untersuchung hat zu zeigen, ob und wie die strafrechtliche Verfolgung der Chantage in Ermangelung eines besonderen Tatbestandes möglich ist. (Abschnitt II).

Mit der Regelung der Chantage in den Gesetzen, die einen selbständigen Tatbestand dieses Verbrechens kennen, befaßt sich

[1]) Auf den Einwand, die Kasuistik enthalte überwiegend Fälle der Chantage von sexueller Grundlage, entgegne ich: Ich bringe dasjenige Material, welches ich eben gefunden habe.

die rechtsvergleichende Darstellung der Chantage; dieser Teil erhebt keinen Anspruch auf Vollständigkeit, insbesondere ist auf die Darstellung der kasuistischen und prinzipienlosen Behandlung dieser Materie in der voluminösen und doch lückenhaften Larceny Act 1861 wegen ihres geringen wissenschaftlichen Wertes verzichtet worden. (Abschnitt III).

Dieses deskriptive Material soll eine Grundlage für die Lösung des Problems abgeben; an eine bejahende Lösung hat sich eine kritisch-normative Erörterung der Tatbestandsmerkmale der Chantage anzuschließen. (Abschnitt IV).

Erster Abschnitt.

Zur Feststellung des Tatbestandes der Chantage.

A. Kasuistik.

Literatur: Fälle der Chantage enthalten:

Actes du congrès pénitentiaire international de Bruxelles, Août 1900, Bruxelles et Berne 1901. Vol. II. S. 637—728. Die dort enthaltenen Berichte wurden erstattet von: Aubéry, Berlet, Evangoulow, Felton, Fuld, Tarde, Thuriet, Typaldo-Bassia.

Goron, Les parias de l'amour (zweites und fünfzehntes Kapitel).

Jahrbuch für sexuelle Zwischenstufen unter besonderer Berücksichtigung der Homosexualität. Leipzig. Erster Jahrgang 1899 (bes. Jahrgang II, S. 446 bis 477, Jahrgang V, S. 1179—1291).

Monatsberichte des wissenschaftlich-humanitären Komitees 1902—1907.

Zeitschrift für Sexualwissenschaft. Herausgegeben von Dr. Magnus Hirschfeld. Jahrgang I, 1908. Leipzig.

Moll, A., Die konträre Sexualempfindung, Berlin 1891. S. 119—121.

Großstadt-Dokumente, herausgegeben von Hans Ostwald. Berlin und Leipzig. Band 3, Berlins drittes Geschlecht von Dr. M. Hirschfeld; Band 16, Wiener Verbrecher, von E. Bader, S. 18—21, 101—104.

Ostwald, Hans, Männliche Prostitution. Leipzig. (Das Berliner Dirnentum von Hans Ostwald, Bd. 5.)

Laker, Über mangelhaften gesetzlichen und behördlichen Schutz gegen maskierte Erpressungen weiblicher Personen. Leoben 1905.

Wuttke, Die deutschen Zeitschriften und die Entstehung der öffentlichen Meinung. 3. Aufl. Leipzig 1875.

Lukas, Die Presse, ein Stück moderner Versimpelung, 2. Aufl. 1867.

Jakobi, Der Journalist (Das Buch der Berufe). Hannover 1902. S. 70, Anm. 2.

Osenbrüggen, Kasuistik des Kriminalrechts. Schaffhausen 1854. S. 202, 267.

Stooss, Strafrechtsfälle für Studierende (Fall 102). Wien und Leipzig 1906.

I. [1])

(X. hat seine siebenjährige Tochter veranlaßt, sein Glied zu berühren, was das Kind dem Dienstmädchen erzählte.)

19. 1. 07.

Geehrter Herr!

In sehr wichtiger Sache erlaube ich mich an Sie zu wenden. Hätte schon eher Ihnen geschrieben, deßwegen wußte keine genaue Adresse und jetzt habe ich keine Ruhe mehr, bis Sies wissen. Es ist nämlich wegen der kleinen Herta; das Kind hat sich sehr vieles ausgedrückt über Sie, ich möchte Sie bitten, darum mal über die Sache zu schreiben oder zu sprechen; es ist doch gewiß zu Ihrem Vorteil, bedenken Sie doch was sie tun; über meine Lippen kommt ja nichts, was soll denn Gnädige Frau sagen, wenn die das wüßte. Sie kennen mich doch sicher noch die Gretchen, die bei Ihnen war in N. Also bitte noch um Antwort in der Sache. Sie können ja dadurch die ganze Familie unglücklich machen. M. J.

26. 3. 07.

Erst heute bin ich in der Lage, den Brief von gnädiger Frau zu beantworten. Wie Sie das auffassen, quält mich nicht, und doch quält mich etwas, was sie jetzt auf eine andere Weise erfahren, was es ist, werde mir die beiden Zeugen, wobei die Herta es erzählt hat, ausfindig machen. Denken Sie vielleicht, ich würde mich wagen, so etwas zu schreiben, wo ich keine Zeugen hätte; nein ich weiß, was darauf folgen kann, wenn man keine klare Beweise hat. Zu dem, wo man ein zehnjähriges Kind solche Sachen wissen, als wie die H. erzählt hat — ich habe es gut gemeint mit dem Brief und habe noch 25 Pf. zum Einschreiben angewandt, um keine Unannemlichkeiten zu machen, darum brauchte gnädige Frau nicht so zu schreiben. M. J.

(X. erbietet sich aus eigener Initiative, das Stillschweigen der M. J. zu erkaufen und verpflichtet sich, jährlich 50 Mark bis 1916 und in diesem Jahre die Summe von 1000 M. an M. J. zu bezahlen.)

4. 4. 07.

Werde morgen Freitag an der Stelle um 8 h. sein. Hätte heute aber eine große Bitte an Sie, habe nämlich eine sehr schlimme Hand und muß unbedingt zum Arzt heute, bin doch auch in keiner Krankenkasse jetzt, darum erlaube ich mich an Sie zu wenden. Aber denken Sie nicht, daß ich mich öfters an Sie wende, das gibt es nicht bei mir, denn Sie sind mir sehr dankbar entgegenkommen und wie die Sache morgen geregelt ist, soll es auch dabei bleiben.

Die Bitte wäre nun, daß Sie so gut sein wollen, und mir gleich nach Empfang dieses Briefes 10 M. telegraphisch nach hier senden; die 10 M. können ja morgen abgehen. Ich bitte da ich nicht weiß, wann ich noch

---

[1]) Dieser Fall wie die folgenden, bei denen keine andere Quelle angegeben ist, stammen aus dem Archiv des wissenschaftlich-humanitären Komitees in Charlottenburg; ich erlaube mir, auch an dieser Stelle dessen Leiter, Herrn Dr. Magnus Hirschfeld, für das liebenswürdige Entgegenkommen meinen besten Dank auszusprechen.

mal arbeiten kann, mir morgen die 50 M. von 1908 zu geben, dann wäre es bis 1909 erledigt, dann wären es morgen 90 M., also die 10 M. ab, ich will nicht das so haben und über meine Lippen kommt niemals was.

20. 5. 07.

Soeben erhielt ich eine Depesche, daß meine Mutter tot ist; nun möchte ich gerne hinfahren und werde auch dort bleiben. Möchte Sie nun bitten, mir doch die 50 M. vom Januar 1908 heute zu senden, ich muß doch nun schwarze Kleider haben und die weite Reise . .

Schicken Sie mir bitte das Geld telegr. Die Unkosten halten Sie gleich von den 50 M. ab und schicken Sie bitte Quittung mit.

1. 8. 07.

Erlaube mir einige Zeilen an Sie zu senden. Bin wieder 8 Tage in B. und will bis 20. Sep. hier bleiben. Bin aber in sehr großer Verlegenheit, sollte die Miete bezahlen und habe kein Geld, ich frage nun bei Ihnen an, ob sie mir wollen 30 M. leihen, ich gebe jede Woche 10 M. Wenn Sie lieber wollen von dem Anderen abgehen lassen, ist mir auch recht, schicken Sie es telegraphisch.

10. 8. 07.

Im Besitze Ihres Briefes teile ich Ihnen mit, daß die Rede doch war, wenn ich in Not bin, ich mich an Sie wenden kann . . . .

Ich bitte Sie, senden Sie mir doch zum letzten Mal 20 M., ich habe nächste Woche Termin und will einen Rechtsanwalt mir stellen, ich gebe es aber schriftlich, daß ich Sie in Zukunft nicht belästige außer der Zeit.

13. 8. 07.

Sie dürfen es mir nicht übel nehmen, daß ich Sie wieder belästige wegen Geld. Ich bin so krank. . . Ich habe mir 50 M. bei einer Frau geborgt, daß ich ins Krankenhaus gehen kann. Ich sagte zu der Frau, ich bin mehrere Jahre bei Ihnen in Dienst gewesen und deshalb helfen Sie mir aus der Not, von dem Anderen hatte Sie keine Ahnung.

30. 9. 07.

Erlaube mir nochmal anzufragen wegen Geld. — Ich wurde Donnerstag entlassen und habe kein Pf. Muß noch 85 M. hier bezahlen und will nach dem Rheinland machen. Ich bitte doch nochmal um 150 M. — — — ich kann mir ja auch nicht helfen, es geht ja mit dem anderen ab. Sie haben ja keinen Schaden dabei, ich will Sie nicht ausnützen, aber was soll ich machen, ich habe Niemand und jetzt bin ich in großer Not.

8. 10.

Meinen verbindlichten Dank für das Geld. — —

Ich habe so viele Einsicht, daß ich nicht so immer zu mich an Sie wenden kann, dies ist das letzte aus der Reihe, ich bitte nun schicken Sie mir das Geld, daß ich bis Donnerstag Mittag haben kann.

31. 10.

Ich fahre morgen abend nach Hause auf 14 Tage, ich möchte Sie nun bitten, mir gleich nach Empfang dieses Briefes 20 M. telegr. senden, ich kann nicht arbeiten und fahre nach Hause. (Was Sie mir an dem Abend vorgehalten haben wegen meiner Krankheit, das kann jedem Menschen vorkommen). Sie müssen mir nicht geben, es steht ganz in Ihrem Willen und ich wäre kein anständiges Mädchen, daß ich damals Ihnen geschrieben habe. Ich finde das unrecht von Ihnen, ich habe nicht gesagt, geben Sie mir was, nein, das war meine Absicht nicht. Ich weiß ganz sicher, daß ich hier am Rhein kein Geld von Ihnen brauche.

Es geht doch Alles ab, die 20 M. braucht' ich noch sehr notwendig. Schicken Sie die aber nicht, so ist es gut, dann werde ich auf alles verzichten, damit Sie sehen, daß ich ohne Sie leben kann, dann brauche ich mir nicht mehr sagen zu lassen, ich bin ein unanständiges Mädel, das hat mir noch niemand gesagt und bin es auch nicht. Wenn Sie es senden aber bitte telegraphisch auf meine Kosten.

2. 1. 08.

Frage noch mal an, ob ich die 50 M. bekomme, ich glaube doch es ist von dem geschenkten Geld — ich finde es aber etwas stark, daß Sie noch nicht mal ein schriftliches Zeichen empfangen. Habe ich binnen 3 Tagen das Geld nicht, nehme ich an, ich bekomme nicht; ich muß Mitte dieses Monats nach B., dann werde ich bei dem Rechtsanwalt vorsprechen, wie Das sich überhaupt verhält.

13. 1. 08.

Daß ich Sie ja etwas zu viel wegen Geld belästigt habe, gebe ich zu, aber es geht ja von dem Geld ab — Ich will Sie ganz sicher nicht ausziehen, wenn ich das wollte, könnte ich noch einen anderen Posten hervorbringen wie mit Herta, nämlich mit einem Burschen in Schießübung — ich will es ja weiter nicht in Erwähnung bringen, es ist bloß deswegen, damit Sie nicht denken, ich will Sie ausziehen.

Bitte höflich um 50 M., b a l d.

21. 1.

Ihren Brief erhalten, aber wie Sie sich da ausdrücken, von wegen Drohung, das liegt mir fern. Bitte noch einmal um 50 M., dann sind es 350 M. und soll dabei bleiben, bis es wieder fällig ist. In der Hoffnung, daß Sie mir meine Bitte erfüllen, verspreche ich Ihnen nochmals Sie zu verschonen.

31. 1.

Ihren Brief erhalten und werde Ihrem Wunsche gemäß nachkommen, nur verzeihen Sie, daß ich noch mit einer Bitte an Sie herantrete. Nehmen Sie bitte noch einmal Rücksicht und senden mir doch noch einmal 25 M., ich bitte Sie herzlich darum und werde dann mich nach Ihrem letzten Schreiben fügen.

19. 2. 08.

Da ich jetzt im Begriffe bin zu heiraten, möchte ich Sie mal anfragen, ob Sie mir die 1000 M. nicht jetzt ausbezahlen wollen, ich will mich dann auch verpflichten, keine Forderungen mehr an Sie zu machen. Es ist Ihnen doch gleich, ob Sie die jetzt oder 1916 ausbezahlen, auf die 50 M. jedes Jahr will ich dann gerne verzichten und werde ebensowenig von der Sache unter die Menschen bringen wie bisher auch. Ich bitte Sie darum, und zahlen Sie mir das Geld jetzt aus, denn nach den Jahren kann mir das Geld nichts mehr nützen. Es ist auch das beste so, dann habe ich Ruhe und Sie auch und werde mich verpflichten keine Forderungen mehr zu machen.

26. 2. 08.

Es tut mir leid, daß Sie meinem Wunsche nicht nachkommen. Ich bitte Sie mir doch wenigstens einen Teil von dem Gelde sobald Ihnen möglich ist zu senden, da ich heiraten will und sonst nichts habe. — Sie haben denn doch immer noch eine Sicherung. Es ist Ihnen doch auch gleich, ob Sie mir jetzt ein Teil oder später Alles geben. Verehrter Herr, trotzdem ich schon oft Ihnen versprochen habe, Sie nicht mehr zu belästigen, so erlaube ich mir nochmal mit einer Bitte an Sie heranzutreten. Sind Sie bitte so freundlich und senden mir doch 35 M. bis Samstag, da ich ein Termin habe und bis Samstag abend dem Rechtsanwalt seine Kosten einschicken muß. Die 35 M. können ja von dem anderen abgehen. Ich gebe Ihnen mein festes Versprechen, daß ich — wenn ich verheiratet bin — es nicht mehr nötig habe, Ihnen zu belästigen. Wenn Sie es haben wollen, gebe ich Ihnen schriftlich, außer Reihe keine Forderungen mehr an Sie zu machen. Hoffe bestimmt, daß Sie mir noch einmal helfen.

1. 3. 08.

Ich muß mich noch einmal an Sie wenden; ich sollte gestern doch schon dem Rechtsanwalt 30 M. bezahlt haben, so bitte ich Sie doch mir das Geld zu senden, sobald der Brief ankommt, bitte telegraphisch, denn ich denke doch, in dem Falle helfen Sie mir noch mal, das Geld geht Ihnen doch nicht verloren, es geht doch von dem Anderen ab.

Telegramm vom 2. 3. Bitte um das Gewünschte telegraphisch.

3. 3. 08.

Trotz meiner Bitten bleibt alles erfolglos. Ich denke doch in dem Falle könnten Sie mir noch mal helfen, es ist doch nicht, als wollte ich Sie erpressen, es geht doch vom geschenkten Geld ab. . . . Ich habe gelebt, ehe ich was von Ihnen bekam und habe geschwiegen über die Sache, ehe Sie mir was versprochen hatten, aber wenn man so in Not ist, denkt man doch, man läßt sich was schicken, weil es doch immer von dem Anderen abgeht.

5. 3.

Ihren Brief erhalten vom 3. 3. Sie erwähnen darin, daß Sie meine Briefe dem Staatsanwalt übergeben müßten, das laß' ich mit ruhigen Gewissen darauf ankommen, ich habe Sie nicht erpreßt, ich habe Ihnen auch keine Summe abverlangt, das haben Sie mir versprochen freiwillig und was das Kind erzählt hat mir, kann ich auch beweisen. Wenn Sie nun denken, daß es das Beste ist, so tun Sie es ruhig. Ich habe geschwiegen, ehe Sie mir das Geld schenkten, und auch gelebt. Daß Sie das Geld auch nicht so haben, gebe ich zu und will auch Ihre Familie nicht weiterhin mehr schädigen. Wenn ich das Unglück mit der Krankheit nicht gehabt hätte, so hätte ich die letzten 200 M. nicht verlangt von Ihnen — und deswegen hatte ich gestern Termin und wollte die 35 M. haben und mir ist gute Gelegenheit geboten zum Heiraten jetzt und kann doch auch nicht mit leeren Händen kommen. Nun bitte ich Sie noch einmal mir jetzt 35 M. zu senden und doch ein Teil bis zum 15. April oder 1. Mai, damit ich doch etwas habe, dann soll es auch nicht mehr vorkommen, bis dahin ist meine Adresse dieselbe und später werde ich meine neue Adresse Ihnen mitteilen. Ich bitte nun Sie mir den Wunsch noch einmal zu erfüllen und hoffe, daß ich nun auch den letzten Brief an Sie geschrieben habe, außer der Adresse.

Brief des Opfers v. 8. 3.

Ich kann Ihnen vor der verabredeten Zeit weder von den 1000 M. noch von den jährlichen 50 M. etwas geben.

Wenn Sie zur Wohnungseinrichtung Geld brauchen, so kann ich Ihnen nur empfehlen, Geld aufzunehmen und die Zinsen von meinem jährlichen Beitrag zu bezahlen. Auf die Bescheinigung des Rechtsanwalts, daß bei ihm ein Testament zu Ihren Gunsten niedergelegt ist, werden Sie Geld jedenfalls erhalten. Oder Sie kaufen sich die Möbel auf Abschlagszahlung und verwenden zur Zahlung noch meinen jährlichen Beitrag.

(Der Rechtsanwalt wurde veranlaßt einen entsprechenden Schein auszustellen und der M. J. einzusenden.)

12. 3. 08.

Ihren Brief erhalten, kann aber auf den Schein kein Geld haben, denn es steht ja noch nicht mal, wie viel ich bekomme. Habe schon bei zwei angefragt. Wenn ich Sie noch einmal bitten darf, so bitte ich Sie doch noch einmal 20 bis 25 M. zu senden, werde dann mich auch außer Reihe nicht mehr an Sie wenden; obschon ich Ihnen das schon oft versprochen habe und nicht gehalten, so können Sie mir's aber jetzt glauben, bin jetzt augenblicklich in Verlegenheit durch eine Gerichtssache. Glauben Sie mir aber sicher, daß es das letzte Mal ist.

18. 4.

Verzeihen Sie bitte, daß ich mich nochmal mit einer Bitte an Sie wende. Ich habe nächste Woche Hochzeit, nun möchte ich Sie bitten, mir doch etwas dafür zu senden, Sie können es ja von den 50 M. 1909 abhalten. An solchen Tagen kostet es so viel, es wird ja nun auch ein Ende haben mit den Bitten um Geld. Hoffentlich darf ich bis Mitte dieser Woche darauf hoffen.

30. 4. 08.

Erlaube mir nochmal zu bitten, sind Sie doch bitte so gut und senden Sie mir doch etwas Geld aber diese Woche noch. Ob Sie mir jetzt oder am 1. Januar 50 M. senden, bleibt sich doch für Sie gleich, ich bin aber aus großer Verlegenheit und werde Sie auch in Zukunft schonen bis 1910.

3. 6.

Verzeihen Sie bitte, daß ich mich noch mal mit einer Bitte an Sie wende, Sie schrieben mir vor einiger Zeit, daß ich mir Geld auf die Papiere geben soll lassen. Habe es nun schon mehrere Male versucht, Geld zu erhalten, aber der Schein genügt nicht, es ist ja noch nicht mal ein Stempel darauf. Ich habe Ihnen doch schon mal geschrieben. Sie haben doch keinen Schaden dabei, wenn Sie mir einen Schein senden. Mir wurde gesagt, daß doch ein Stempel und die Firma von dem Rechtsanwalt darauf sein muß, ich bitte Sie, gehen Sie zu dem Rechtsanwalt und lassen ein Schein ausstellen, dann brauch' ich nicht an den Rechtsanwalt zu schreiben, denn ist es sicher, daß ich etwas Geld hier bekomme auf den Schein. . .

11. 6.

Werther Herr!

Verzeihen Sie, bitte, wenn ich Sie mit einem Schreiben belästige. Wie ich von meiner Braut erfahren habe, haben Sie meiner Braut M. J. zu Gunsten ein Testament bei einem Herrn Rechtsanwalt niedergelegt, in welchem ihr Tausend Mark im Jahre 1916 zugedacht sind und am 1. Januar eines jeden Jahres 50 Mark Zinsen von den 1000 M. Wie sie mir sagte, muß sie über die Sache großes Stillschweigen bewahren und wie ich aus Ihrem letzten Brief, der anfangs dieser Woche in meine Hände gelangte, ersah, verliert das Testament seine Gültigkeit, wenn in dieser Angelegenheit eine Verhandlung stattfindet. Ich bin nun schon mehrere Male in Sie gedrungen, sie sollte mir sagen, weshalb Ihr das Geld in dem Testament zugefallen ist. Sie hat mir aber jedesmal unter Tränen geschworen, daß Sie mir das nicht verraten dürfe und ich sie doch darnach nicht mehr fragen sollte. Wenn ich mal wirklich energisch in sie drang, so sagte sie mir stets, es sei für geleistete Dienste. Ich habe somit davon abgesehen, weiter in Sie zu dringen. Ebensowenig würde ich es doch auch von Ihnen selbst erfahren, wenn ich mich an Sie wendete. Ich ersuche Sie nun höflichst, mir doch eine Bitte zu gewähren. Meine Braut sitzt nun seit Sonnabend voriger Woche in eigener Angelegenheit in D. in Untersuchungshaft. Da es mir sehr zu Herzen geht, standen wir doch so nahe vor der Hochzeit, und mir die Barmittel fehlen, einen Rechtsanwalt für Sie zu stellen, so ersuche ich Sie höflich mir, bzhw. ihr eine Bitte zu gewähren. Seien Sie doch so freundlich und senden mir eventuell 100 M., resp. soviel, wie Sie denken, die Rechtsanwaltskosten zu decken. Sie haben doch stets die Postquittung in Händen darüber und können den Betrag entweder von den jährlichen Zinsen oder von dem Kapital selbst abziehen. Sollten Sie an der Richtigkeit meiner Angaben zweifeln, so können Sie ja ev. beim königl. Gerichte in D. Erkundigungen einziehen.

Chr. S.

15. 6. 08.

Im Besitze Ihres werten Briefes muß ich Ihnen mitteilen, daß ich mich über die Art desselben sehr getäuscht habe. Ein Irrtum meinerseits war es aber auch, daß ich Ihnen schrieb meine Braut befinde sich in Untersuchungshaft. Ich war nämlich belogen worden. Sie war nach D. gefahren und dort zu Besuch geblieben. Ich war auch nicht wenig erstaunt als Sie tags drauf nachdem ich Ihnen den Brief schrieb wieder zurückkam, natürlich über meinen Brief an Sie sehr entrüstet. Jetzt möchte ich sie mal fragen, was ist das für ein Testament und wodurch ihr dasselbe zugefallen, denn ich glaube, es würde wol keinem Bräutigam recht sein, wenn er über die Vergangenheit bezw. über die Vermögensverhältnisse seiner Braut nicht orientirt ist und ob ihr das Geld rechtmäßig zugefallen ist. Da ich von ihr nichts erfahren kann, so bitte ich Sie höflich doch mal um Aufklärung hierüber.

Sie schrieben mir, daß Sie nicht damit einverstanden wären, würde sich ein Anderer in die persönliche Angelegenheit mischen.

Auf jeden Fall bekomme ich aber Aufklärung hierüber, denn ich kann doch Allerhand annehmen, wodurch ihr das Geld zufiel, und ist es durch eine Sache, die nicht an die Öffentlichkeit soll, so werde ich das Weitere schon veranlassen.

Ergebenst Chr. S.

(In Beantwortung dieses Briefes teilt das Opfer dem Bräutigam wahrheitsgetreu den Sachverhalt mit.)

22. 6. 08.

Bezug nehmend auf Ihren Brief vom 20. d. muß ich Ihnen mitteilen, daß ich nach den jetzigen Aussagen meiner Braut doch annehmen muß, daß Sie das Kind mit Ihren Geschlechtsteilen berührt haben. Wie Ihre Tochter meiner Braut selbst erzählt hat, haben Sie nicht nur die Geschlechtsteile des Kindes, sondern sogar dessen Mund mit dem Ihrigen berührt. Es liegt mir aber fern, hierüber Vorhaltungen zu machen, obschon mancher über so etwas nicht schweigen würde. Sie baten mich in Ihrem letzten Briefe, daß ich das durch Sie in mich gesetzte Vertrauen nicht mißbrauchen möchte. Ich teile Ihnen hierüber mit, daß von meiner Seite kein Anderer etwas von der Sache erfahren wird, möchte Sie aber zu gleicher Zeit bitten, mir auch einen Gefallen zu tun. Es liegt mir aber sehr ferne, das von meiner Braut beliebte Drängen nach Geld fortzusetzen, wie Sie in Ihrem vorletzten Briefe annahmen. Trotzdem trete ich jetzt mit der Bitte an Sie, uns auch noch mal zu helfen. Würden Sie so freundlich sein und uns gegen einen von Ihnen festgesetzten Zinsfuß 3—400 Mark zu leihen zur Begründung unseres Haushaltes, denn ich habe jetzt monatelang krank gefeiert und bin auch momentan ohne Arbeit. Das Kapital bezahlen wir dann im Jahre 1916 zurück und die Zinsen jedes Jahr. Als Sicherheit haben Sie doch noch stets das Testament in Händen. Von mir wird kein Anderer in die Sache eingeweiht, auch wenn Sie uns kein Geld borgen. Nicht daß Sie eventuell annehmen, ich wollte aus dem Grunde Geld haben. Ich bitte Sie deshalb nochmals, tun Sie uns den Gefallen womöglich noch im Laufe dieser Woche. Sie würden dadurch zwei Menschen glücklich machen. — In der Erwartung, daß Sie uns berücksichtigen, verbleibe ich mit tausend Dank

Ihr ergebener

Ch. S.

In Einvernehmen mit meiner Braut.

(Unterschrift der M. J.)

24. 7.

Da ich mich jetzt wieder in A. befinde, um nochmals eine Kur im hiesigen Krankenhause zu machen, möchte ich Sie bitten, von den 50 M. für 1909 mir doch 15 bis 20 M. heute Abend telegraphisch zu senden. Bitte heute Abend noch wenns Ihnen nur möglich ist, senden Sie bitte das Geld nach . . . straße Nr. 50, ich kann doch auch nicht nach Ihrer Wohnung kommen.

M. J.

25. 7. V b.

Im Besitze Ihrer Zeilen teile ich Ihnen mit, daß ich bloß aus Not gehandelt habe. Sie konnten doch dem Jungen einen Brief mitgeben, dann hätte ich ja Bescheid gewußt, wäre sicher nicht rauf zu Ihnen gekommen. Ich habe bei Ihnen anständig angefragt und hat Niemand was gemerkt.

Ich bitte Sie nun nochmal mir telegraphisch eine Summe zu senden nach . . . . . Straße 50. und teilen Sie mir — bitte mit, wo und wann ich Sie treffen kann. M. J.

25. 7. V a.

Da ich auf meinen gestrigen Brief ohne Antwort geblieben bin, sehe ich mich gezwungen, mich nochmal an Sie zu wenden. Sie haben ja ausdrücklich zu mir gesagt, als Sie mir das Geld versprachen, wenn sie in Not sind, soll ich mich bloß an Sie wenden mit der Bemerkung, daß ich aber auch jede Zusammenkunft mit Herta meiden soll. Ich will Sie in keinem Fall unnötig belästigen, Sie können doch Alles abziehen. Übrigens war ich zu Ihnen auch sicher anständig, denn ich habe doch Herta zur Rede gestellt, daß sie ja nichts weiter soll erzählen und habe selbst geschwiegen über die Sache, ehe Sie mir was versprochen haben. Mein Bräutigam ist hier bei mir in der . . . . Straße, damit niemand was merkt von der Sache, so erwartet mein Bräutigam Sie in der Wirtschaft Ecke . . . . im Garten. Ich werde dann eine Zeit fortgehen, sonst ist niemand.

30. 7.

Bezüglich Ihres Versprechens teile ich Ihnen meine Adresse mit und bitte das Geld morgen telegraphisch zu senden, denn wir möchten gerne morgen Nacht fahren, zu dem macht man sich auch bloß Unkosten, es kostet jeden Tag und müssen Alles mit den 50 M. erledigen.

7. 8. 09.

Teile Ihnen mit, daß wir uns Möbel gekauft haben und bitte Sie wenn die Rechnung in Ihre Hände kommt, das Versprochene bald wie möglich zu senden, worauf auch die Bescheinigung kommt, daß ich nichts mehr verlange bis 1916. Ergebenst

11. 8. 08.

Auf ihre Veranlassung sind wir bei einem Möbelhändler gewesen und haben uns eine Einrichtung ausgesucht. Sie ist zwar teurer als 350 M. aber was über den Betrag geht, den Sie zahlen, wollen wir selbst bezahlen. Wir haben mit dem Lieferanten ein Abkommen vereinbart, nachdem Sie die Anzahlung von dreihundertfünfzig Mark machen und wir das übrige in Raten bezahlen. Da das Geschäft Ihnen schon die Rechnung zuschickte, aber Sie noch nicht darauf antworteten, so bitten wir Sie uns doch so bald wie möglich hierüber zu informieren.

Hochachtend Ch. Sch. M. J.

28. 9.

Verzeihen Sie, daß ich Sie nochmals belästige mit einem Brief. Ich kann es aber auch nicht ändern. Wir hatten uns Möbel gekauft und auch Wohnung zum 1. Oktober gemietet, nun ist aber mein Bräutigam seit 8 Tagen spurlos verschwunden, wie man hört, soll er mit einem anderen Weib fort sein. Wir hatten beide nur eine Kur gemacht und wollten nun heiraten. Ich kann doch die Möbel nicht nehmen und bezahlen, bin doch gezwungen wieder in Stellung zu gehen. War nun bei dem Möbelhändler und habe mit ihm gesprochen, er will mir das Geld zurückgeben, aber nur mit Ihrer Einwilligung. Wenn ich die Möbel ja wirklich nehmen würde, wäre ich gezwungen, die Möbel zu verkaufen und hätte nur unnötige Unkosten. So will er mir das Geld geben. Dann kann ich mir helfen und das Andere tue ich mir auf die Sparkasse, dann habe ich was in der Not. Ich habe mich ja geeinigt mit Ihnen und will auch dabei bleiben bis 1916. Ich bitte nun an das Geschäft zu schreiben, daß sie mir das Geld ausbezahlen, denn die sagten mir, ich soll Sie in Kenntnis setzen darüber und Sie möchten dann bitte sofort an das Geschäft schreiben. M. J.

3. 11. 08.

Sie werden wol ganz erstaunt sein, wieder einen Brief von mir zu erhalten. Ich fahre nämlich nach S. in Pommern in Stellung zu einem Rittmeister. Nun möchte ich Sie bitten mir 25—30 M. zu leihen, denn wenn ich zwei Monate gearbeitet habe kann ich Ihnen es wieder senden. Der Möbelhändler hat das Geld festgesetzt mit 5% Zinsen, bis ich wieder so weit bin, anderen Falls läßt er das Geld an Sie zurückgehen.

Sie denken, ich habe das Geld verjubelt immer, aber das ist ganz ausgeschlossen. Es ist jetzt wirklich das letzte Mal mit vielen Belästigungen um das Geld. Senden Sie mir das Geld telegraphisch, ich bitte Sie höflich darum, weiß anders kein Rat und Sie haben doch auch genug Sicherheit.

9. 11. 08.

Seit meinem zweimonatlichen Aufenthalt in A., treffe ich heute zufällig Fräulein J. hier. Sie hat mich unter Thränen gebeten, ich möchte Ihr doch helfen, denn Sie wäre krank. . . Ich kann ihr nicht helfen, trotzdem ich wieder mit Ihr verkehren will, denn ich habe selbst nichts.

Jetzt bitte ich Sie nochmal in ihrem Namen, leihen Sie ihr doch 40—50 M. Ich werde selbst dafür sorgen, daß Sie es wieder bekommen. Nichts geben, nur leihen, damit Sie sich helfen kann. Sollte bis heute Abend kein Geld bezw. keine Antwort hier sein, so werden wir in Ihre Wohnung kommen. Falls auch das zwecklos wäre, so würde ich die Sache weiter gehen lassen. Möge darauf folgen, was wollte. Zeugen sind ja genügend da, wenn's auch ehemalige Burschen von Ihnen sind.

Daß Sie die Sachen auf Ihre Krankheit zurückführen, kann Ihnen wol wiederlegt werden, denn Sie haben doch, wie Ihre Tochter zu meiner Braut gesagt hat, dem Kinde stets verboten, ihrer Mutter etwas davon zu sagen. Mir ist es ja auch egal, wenn Ihnen an Ihrer Familie nicht mehr liegt, so lassen Sie es nur so weit kommen. Wenn wir zu Ihnen kommen, so werden die Leute in Ihrem Hause auch die Sache erfahren, das ist mir gleich. Also jetzt handeln Sie nach Ihrem Gutdünken.

Ch. S.

2.

E. machte sich Ende des Jahres 1905 mit R. des Vergehens nach § 175 RStG. schuldig.

E. schreibt an das wissenschaftlich-humanitäre Komitee: Kurze Zeit nach unserer Zusammenkunft verließ er B. Von Mannheim aus kam ein Brief, in welchem er mir mitteilte, daß ich ihn krank gemacht habe, auch verlangte er zu seiner Heilung Geld. Ich unterließ diesen Brief zu beantworten, dafür stand er eines schönen Tages mir vor der Türe ohne Geld, die Kleider defekt, ohne Unterkleider. Statt ihn nun hier ärztlich untersuchen zu lassen und ihn eventl. der Polizei zu übergeben, unterließ ich das aus Furcht vor Skandal und half ihm wieder. Er schlug seinen Wohnsitz wieder in L. auf, wo er für ein Photographiegeschäft reiste. In Luzern will er von der Polizei verhaftet worden sein, weil er kein Hausierpatent hatte. Man habe ihn dort gemessen, photographiert und ärztlich untersucht und ihn gefragt, wer ihn krank gemacht habe, er habe aber keinen Namen genannt, aus Rücksicht auf unsere Freundschaft.

E. bat mich dann, ihm das Geld zu geben, daß er nach England fahren könne.

Ich ging in meiner Dummheit auch auf diesen Leim, in der Hoffnung, diesen Menschen damit loszuwerden, aber wenige Wochen nach seiner Abreise kam ein Brief aus Brüssel, worin er mir mitteilte, daß man ihm abgeraten habe, nach London zu fahren und er in Br. leichter eine Stelle finde. Selbstverständlich fand sich für ihn keine Stelle und am 29. kam dann beiliegender Brief, worauf ich ihm wieder Geld sandte.

Im ganzen habe ich R. bis heute 1000—1500 Frank gegeben. Ich kann als Grund hierfür nur die Furcht vor Skandal anführen, sowie meine Leichtgläubigkeit, Gutmütigkeit und Unerfahrenheit in solchen Sachen.

Von den zahlreichen Briefen des R. an E. seien folgende mitgeteilt.

Bruxelles, den 24. 11. 1905.

a)

Mein lieber E.!

Habe dir Dienstag schon einen Brief geschrieben, aber mit diesem Brief mußt Du wol nicht zufrieden sein; ich kann mir nicht anders helfen, aber es ist wirklich so, ich habe fast keine Wohnung, weiß nicht, wo ich schlafen soll, dadurch habe ich meine Krankheit verbummelt, konnte nichts mehr daran machen, jetzt hat sich die Sache ganz entzündet so, daß ich seit einigen Tagen fast nicht laufen kann, es wird immer schlimmer, weil ich keine Mittel habe, um dagegen was zu machen. Du hast mich ganz kaput gemacht.

Ich brauche zur weiteren Reise und zur Heilung 200 Frank; falls Du mir damit nicht helfen willst, wo du doch schuld an meiner Krankheit bist, werde ich Alles verkaufen, was ich habe und werde mich dort in L. oder in R. auf Deine Kosten ins Krankenhaus legen, kann es gehen, wie es will, mir ist es gleich. . . .

Du mußt ja nun wissen, was Du zu tun hast in dem Fall und damit hört unser gegenseitiges Schreiben auf — — — Ich habe ja auch kein Andenken von Dir, da werde ich mir deine Briefe, welche Du mir geschrieben hast, aufbewahren. Denn sollte ich nicht heil werden, dann leb' wol, dann mache ich mit meinem Leben Schluß, aber Du kannst Dich beruhigen, über meine Lippen kommt dein Name nicht. — — —

Also mein lieber E. helfe mir, damit noch einmal, dann wollen wir uns auch nicht mehr schreiben.

Paris, den 3. 12. 1905.

b)

Mein lieber E.!

Teile Dir mit, daß ich gleich am Dienstag, wo ich das von Dir erhielt, nach hier gefahren bin, habe auch gleich einen deutschen Arzt gefunden, derselbe hat mich hier in eine Pension gebracht. Die ersten Tage war der Arzt ganz nett, aber jetzt kam er mit noch einem, da haben sie mir alles ausgefragt, wie das gekommen ist, wie lange ich es habe usw., sie wollten durchaus wissen, wer es gemacht hat. Ich habe gesagt, daß war ein fremder Mensch, den ich noch nie gesehen habe, ich habe gesagt, das war in Brüssel gewesen. Der Arzt hat mit ausgefragt und der andere hat Alles aufgeschrieben, das war ein Franzose. .

Hier ist alles teuer, der Arzt nimmt jeden Tag, wenn er kommt, 3 fr., meine Pension mit Bedienung kostet 4 fr. 2—3 Wochen muß ich noch in Behandlung bleiben; dann lieber E. tut es mir leid, daß ich Dich nochmals um Hilfe anrufen muß, aber es geht nicht anders, ich wollte es ja nicht, hatte Dir auch mein Ehrenwort gegeben, aber ich muß erst gesund werden. — Du mußt nun sehen, daß Du mir noch bis Dienstag, den 5. Dez. noch 200 fr. schickst . . . denn wenn ich kein Geld mehr habe, hier zu bezahlen, dann wird die Sache gefährlich, dann muß ich schließlich der Behörde zu Last fallen und die deutsche Behörde bezahlt nicht für mich, dann werde ich noch mehr ausgefragt, das will ich nicht, dann komme ich, wenn Du mich hiermit im Stich läßt, lieber nach dort zurück, dann mußt Du mich heilen lassen, ich komme dann nicht zu Dir, sondern lege mich direkt auf Deine Kosten ins Krankenhaus.

Also ich hoffe, daß Du mich nicht im Stich läßt — und das is dann das letzte Mal . . .

Also dies ist der letzte Brief, den Du von mir erhältst, dann lebe wol, ich halte die Schmerzen für Dich aus.

Er grüßt und küßt Dich herzlich

Dein Freund B.

Paris, den 11. 12. 05.

c)

Mein lieber E.!

Deinen Brief mit Inhalt hab' ich erhalten, du schreibst, du willst selber nach hier kommen, kannst du machen, aber in meine Wohnung kannst du nicht kommen, denn sobald wie ich kann, rücke ich denen hier aus, denn die sind so gemein . . . . . .

Also mein lieber E. glaube mir, wenn ich jetzt auch für Dich so aushalte, aber ich hänge doch noch immer an Dich, denn ich bin so unglücklich geboren und kann nichts dafür, daher trage ich die Schmerzen für Dich mit Geduld.

Lieber Emil sehe zu, daß Du mir bis 17. 12 nach hier poste restante 100 fr. schicken kannst. — — — Also schicke die 100 fr. sobald nach Empfang dieses ab, daß dieselben schon auf der Post liegen, wenn ich vielleicht Montag oder Dienstag meine Flucht aus der Pension ausführe.

Es grüßt und küßt dich dein

treuer B.

Bruxelles, den 23. 12. 05.

d)

Mein lieber E.!

— — — Ich bin augenblicklich in einer mißlichen Lage, ein naher Verwandter von mir ist in Liverpol in England, er schreibt mir, ich solle kommen, aber leider ich habe nichts zum rüber fahren; wenn ich bei dem bin, dann bin ich versorgt; dem werde ich Alles erzählen, wie es mir gegangen hat und wie ich zu dem Elend gekommen bin, denn weiter bleibt mir nichts übrig, damit er mich in England kurieren läßt, aber ich werde deinen Namen nicht erwähnen, dafür kennst du mich ja . . . . . .

Wenn du es tust, wie Du schon geschrieben hast, dann wohlan, mir ist gleich. . . . .

Erwarte umgehend Antwort, denn es ist ebenso gut für Dein Glück, als für mein Glück, auch ich lasse Dich dann nicht im Stich . . . .

Also bitte um das Fahrgeld nach Liverpol. Sende mir sofort telegraphisch, was Du kannst, wenigstens das Fahrgeld. Erwarte ich per Draht Antwort, grüßt und küßt Dich inzwischen

Dein B.

Bruxelles, den 12. 1. 06.

e)

Mein lieber E.!

Gestern kam ich wieder in Antwerpen an, es war nicht mein Wille, sondern ich mußte, denn du wirst auch wol schon gehört haben, daß man 5 Pfund Sterling braucht, um nach England zu kommen. Ich habe alles mögliche versucht, um durchzukommen, aber Alles umsonst, man wollte mich nach Deutschland zurückbringen und nach Bitten und Betteln ließ man mich nach Antwerpen überfahren, nachdem ich lange genung in Untersuchung saß. Ich habe in England, als man mich festhielt, gesagt, ich bin Deserteur und könnte doch unter diesen Umständen nicht nach Deutschland zurück.

Ich weiß nicht, was ich machen soll, schreibe mir bitte gleich, ob Du mir das nötige Fahrgeld vorstrecken kannst, damit ich dort in England bleiben kann — dort werde ich mich gleich in ein Krankenhaus legen und mich ausheilen lassen, erst würde ich die Spuren von meinem Onkel suchen, entdecke ich die, na dann ist uns allen zwei geholfen, ich werde Dir das Geld sofort zurücksenden . . Schreibe mir oder sende mir gleich was, damit ich etwas zu leben habe, inzwischen grüßt und küßt Dich Dein B.

f) Br. 17. 1. 1906.

Mein lieber E.!

Deinen Brief erhielt ich heute früh, Du schreibst mir dort allerhand Sachen, was ich gar nicht wissen will; vor allen Dingen werde ich kaum, solange ich nicht weiß, wer es ist, der nach hier kommt, mit ihm über unsere Angelegenheit sprechen, Du kannst ja selber kommen und sehen, wie es mir geht. . . ..

Wäre ich in S. geblieben, so hätte ich mich dort besser ernähren können; sollte ich aus diesem Umstand raus, so daß ich nicht unter diesen Umständen nach England kommen kann, da ich das Geld dazu nicht habe, werde ich sehen, daß ich das Fahrgeld nach der Schweiz zusammen bekomme, dort werde ich mich dann ins Krankenhaus legen, mag es gehen, wie es will.

Na ich erwarte von Dir weitere Nachricht, vielleicht kannst Du es machen, daß ich weiter komme; nun habe ich Dir ja alles geschrieben, sehe zu, vielleicht kannst Du es regeln. Inzwischen grüßt und küßt Dich herzlich Dein B.

g) Bruxelles, 21. 1. 1906.

Lieber E.!

Wartete bis heute auf Antwort auf meinen Brief, kam aber nichts, auch nicht das, was Du mir versprochen hast. Ich werde bis Dienstag abend oder Mittwoch früh warten, dann werde ich tun, was ich Dir geschrieben habe, Du wirst und sollst aber Rechenschaft über mich ablegen, dafür werde ich sorgen, darauf mein Wort.

Schreib mir, ob ich rechnen kann, daß ich nach England fahren kann.

Hätte ich nach England fahren können, dann wäre noch Alles gut geworden und ich hätte Dir Geld zurücksenden können, aber jetzt ist mein Unglück, mein Untergang.

Also ich habe Dir reine Wahrheit geschrieben, ich bin auf alles gefaßt, auch bis zum Letzten in diesem Fall. Es grüßt und küßt Dich herzlich Dein B.

3. Berlin, 25. 11. 1907.

Lieber Doktor!

Warum habe ich noch keine Antwort, daß glaube ich, daß ich vergebens warte. Wie süß war's, als wir noch zusammen waren. Ich bitte Sie, lieber Doktor, von ganzem Herzen, helfen Sie mir zum letztenmal aus, damit ich arbeiten kann. Ich bin total fertig für die Welt, denn ich gehe ganz in Bruch. Ich soll Sie vielmals grüßen vom Dresdener Otto, ein Freund von Ihnen. Ich bitte Sie, schicken Sie mir bitte doch 5 M. in Briefmarken, denn ich möchte gerne Stellung antreten, aber bitte sofort, kann dann zum Verarbeiten. Es ist das letztemal, auf Ehrenwort, lieber Doktor. Also bitte lieber Herr W.

In der Hoffnung, daß ich mich drauf verlassen kann, verbleibt Ihr Freund P. K., Kellner.

4. a) D. . . . . 9./11.

Mein einzig lieber Freund!

Wundern wirst Du Dich, von mir diesen Brief zu erhalten. Es ist schon lange Zeit her, daß wir uns hier kennen lernten; ich muß Dir von meinem doppelten Unglück, welches mir geschehen, mitteilen, weil mich eine momentane schreckliche Lage dazu treibt. Denke Dir, am nächsten Morgen, nachdem wir oben in meinem Zimmer waren, war es kaum 7 Uhr, als meine Wirtin und ihr Sohn in mein Zimmer kamen und mich aufgefordert, das Zimmer sofort zu verlassen. Wie Du Dich wohl noch entsinnen kannst, war in meinem Zimmer eine Verbindungstür, nebenan wohnte der Sohn meiner Wirtin und da wir uns zu laut benommen, hatte dieser alles gehört. Ich mußte daher sofort ausziehen und nicht nur dieses allein, sondern noch dazu meine schwere Krankheit. Wie Du Dich erinnern kannst, so war es in selbiger Nacht sehr kalt und nebelig und da ich aus dem warmen Bett so erhitzt und aufgeregt ohne Unterbeinkleid, was ich sonst Sommer und Winter nicht auslasse, und in den Hausschuhen, ohne Kragen und alles, den weiten Weg mit Dir zu dem Café ging, habe ich mich so schrecklich erkältet, daß ich erst ein schweres Halsleiden und nach einigen Tagen noch Lungen- und Rippenfellentzündung dazu bekommen, mußte darum ins Hospital gebracht werden, wo ich bis vor 8 Tagen war. Meine Mittel sind vollständig erschöpft und bitte ich Dich, da Du doch ebenso gut der schuldige Teil in meinem Unglück bist, wie ich, mir umgehend etwas zu schicken, denn ich möchte Dich nicht noch öfter mit Schreiben belästigen, da ich durch die Dauer meiner Krankheit meine Stellung verloren, muß ich mir eine neue suchen. Es ist jetzt vor Weihnachten für mich schlecht was zu finden und denke ich auch, Du wirst nicht derjenige sein, welcher mich im Stich läßt; ich hätte Dir vom Hospital aus gerne einmal geschrieben, leider war mir Dein Name gänzlich vergessen, welchen ich nun wieder weiß, indem ich beim Auspacken meiner Sachen Deine mir geschenkte Visitenkarte wieder fand. Nun mein lieber Karl, in der Hoffnung, mit der herzl. Bitte, mir meinen Wunsch recht bald zu erfüllen, verbleibe ich Dein treuer, aufrichtiger Freund . . . .

b) 13./11.

Lieber Karl, ich schicke Dir, sobald ich in Stellung bin, das Geld ratenweise zurück, nur helfe mir, bitte, damit ich nicht verderbe, daß ich Dich nicht so oft mit Schreiben belästigen muß. Mit herzl. Dank im voraus und tausend Grüßen . . . .

Habe den Brief einschreiben lassen, damit derselbe in Deine Hände kommt.

c) 16./11.

(Offene Postkarte.)

Warum keine Antwort? Ich denke doch solche Behandlung nicht verdient zu haben, nachdem, was ich alles mußte ertragen, eigentlich nur Deinetwegen. Wenn nicht umgehend Antwort kommt, muß ich mich an Deine Angehörigen wenden.

Ergebenst . . . .

5. W . . . . 12. Aug.

Sehr geehrter Herr K.!

Im Anschluß an die mit Ihnen am 26. 6. am dortigen Stadttheater und am 27. 6. in Ihrem Geschäft gehabte Unterredungen teile Ihnen mit, daß ich am 27. 7. erfuhr, daß Sie erkrankt sind. Ich wollte Sie bei dieser Gelegenheit davon in Kenntnis setzen, daß wir s. Z. nicht unbeachtet waren, besonders aufgefallen sind Sie durch Ihr schnelles Laufen von Hofauerstr. bis zur Wasserstr. Wir sind den ganzen Weg von einem Herrn verfolgt worden, der uns aber an letztgenannter Straße aus dem Auge verlor. Es war dies am Freitag, den 26. 6.; am folgenden Tag, als ich Sie wieder traf, gaben Sie mir M. 20.— zur Fahrt nach Hannover und trennten uns mit Verabredung zum selben Abend. Auf dem Wege zur Harmoniestr. begegnete mir der oben erwähnte Herr, der mir selbst gänzlich unbekannt ist, und stellte mich auf offener Straße über das zwischen uns am vorigen Tage Vorgefallene zur Rede, einem zufällig vorübergehenden Schutzmann erzählte er alles und bewirkte so meine Verhaftung. Ich befand mich $4^1/_2$ Wochen in Untersuchungshaft. Der Zeuge sagte aus, er hätte genau gesehen, wie wir geschlechtlich verkehrt haben und will auch am Boden des betr. Pissoirs deutlich die Spuren davon wahrgenommen haben. Ich bestritt natürlich alles, mußte indessen, in die Enge getrieben, zugeben, daß Sie sich in meiner Gegenwart selbst befriedigt hätten. Man verlangte nun Ihren Namen zu wissen, den ich aber in Rücksicht auf mein Ihnen gegebenes Ehrenwort nicht nannte. Man stellte mir sogar Belohnung in Aussicht. Schließlich erfolgte meine Entlassung, indessen nur, um mir die Möglichkeit zu geben, Sie ausfindig zu machen, denn ich hatte ausgesagt, daß ich Sie gar nicht mit Namen kenne. — Mein Erstes war, zu Ihrem Geschäft zu gehen, um Ihnen den Sachverhalt mitzuteilen, leider traf ich Sie nicht an. — Der ganze Vorfall war für mich derart peinlich, daß ich Elberfeld sofort verlassen mußte und zwar ohne einen Pfennig Geld in der Tasche; ich ging zu Fuß nach hier und stehe nun vollständig ruiniert da. —

Sie werden nicht bestreiten können, daß lediglich Sie der Urheber meiner traurigen Lage sind, weshalb ich mich nun auch zuerst und vor allem an Sie wende, um wieder in andere Lage zu kommen. Auf die Dauer werde ich mich den polizeilichen Nachforschungen nicht entziehen können; es gibt demnach nur zwei Auswege. Entweder ich verlasse Deutschland oder Sie entbinden mich von meinem gegebenen Ehrenwort. — Zu ersterem Vorhaben fehlen mir die Mittel; stellen Sie mir diese zur Verfügung, so ist die Sache tot; was zu einer Reise ins Ausland gehört, werden Sie als Kaufmann am besten wissen. — Ich mache Ihnen diesen Vorschlag nicht in meinem, sondern ausschließlich in Ihrem Interesse. — Sollten Sie aber nicht über hinreichende Mittel verfügen, so gestatten Sie mir vielleicht, mich an Ihren Herrn Vater wenden zu dürfen. — Geben Sie mir dagegen mein Wort zurück, so habe ich mit der Sache nichts mehr zu tun, sondern trete in dem gegen Sie zu erwartenden gerichtlichen Verfahren nur als Zeuge auf.

Sollten Sie sich dazu entschließen, mir einiges Geld zu schicken, so tun Sie es bitte nicht per Postanweisung, sondern in einem Einschreibe-Brief, und zwar sofort nach Erhalt dieses.

Bin ich dagegen nicht bis Sonnabends früh im Besitze Ihrer Nachricht, so sehe ich mich im Interesse meines eigenen Fortkommens gezwungen, die Angelegenheit ihren Gang gehen zu lassen. Die mir eventuell gewährte Geldsumme würde ich selbstverständlich nur als ein Darlehen ansehen, das ich Ihnen, sobald meine Verhältnisse es erlauben, zurückerstatten werde.

Bestimmt auf Ihren sofortigen Bescheid rechnend (ich kann mich nicht mehr länger halten) zeichne

hochachtend ......

6. a) 3./1.

L. Max!

Du mußt sehr erstaunt gewesen sein, als Du nach Stuttgart kommst und ich nicht mehr dort war! Am meisten war mein Bruder Alfred schuldig, für mich ist nun mein Leben nichts. Ich bin nun verlassen und stehe ganz fremd in Berlin, meine einzige Hoffnung ist noch mein Revolver, was soll ich auf der Welt? Dies war anfangs mein Glück und jetzt mein Unglück! Ich habe noch einen Ausweg zu meinem Freund nach New York und dann werde ich den deutschen Boden nie mehr betreten. Dies ist das beste, was ich tun kann. Aber bitte, l. Max, hilf mir noch das letztemal aus mit 200 M., es soll dies — so wahr ich lebe — dann das letzte sein, du mußt es aber bestimmt schicken. Anderenfalls ich nicht mehr lange leben werde, sondern meinem l. Vater es nachmachen! 200 M. können mich retten! So wahr ich jetzt noch lebe, ich belästige dann nie mehr! Es sind 200 M. für mich sehr notwendig. Ich schreibe Dir es dann später, zu was. Ich muß unbedingt fort von hier und will ich nach New York. Die Fahrt II. Kajüte kostet 140 M.

M. l. M.! Ich habe noch zirka 30 Briefe von Dir! Soll ich Dir dieselben schicken. Oder was soll ich damit. Was gibt es Neues?

Mein l. Max! Du wirst es nicht bereuen, wenn Du mir das Gewünschte schickst.

Ich verlasse mich felsenfest, daß Du mir meinen Wunsch erfüllst. Aber bitte sofort! Ich muß diese Woche noch fort! Meine Adresse E. R., Postamt 101, Elsasserstr.

O bitte, l. Max! Erfülle meine Bitte! Sonst bin ich verloren. Laß mich nicht lange warten!

Herzliche Grüße Dein E.

b)

Der zweite Brief enthält die erneuerte Bitte um Einsendung von — wenn nicht 200 — doch 150 oder mindestens 100 M.

c)

Entschuldigen Sie, daß es mit Blei geschrieben und das Schreib papier, aber in meinem Zimmer ist keine Tinte und Briefbogen habe ich keine. Sollten Sie mir keine Antwort zukommen lassen, so nehme ich an, daß Sie mir nicht helfen wollen. Ich werde etwas dann versetzen und mir dann erlauben zu Ihnen nach L. zu fahren und Ihnen alles klar auseinanderlegen, wie es mir geht. Aber ich hoffe, daß Sie mir doch diesen meinen letzten Wunsch erfüllen. In der Hoffnung, daß Sie mir doch dies letztemal helfen, begrüße ich Sie

E.

d)

Erneuerte Bitte um 75 M.

e)

Verzeihen Sie, wenn ich Sie mit diesem Schreiben belästige, aber ich kann nicht anders! Es ist mir unklar, weshalb Sie so kalt und unbarmherzig gegen mich sein können, wo ich so oft mit Ihnen zusammen war. Ich habe Ihnen ja heilig versprochen, daß dies die letzte Bitte ist, ich befinde mich in großer Verzweiflung und gehe hier zu Grunde. Ach bitte lieber Herr, sind Sie doch nochmals so liebenswürdig und senden Sie mir die letzten 50 M. So wahr ein Gott im Himmel noch lebt, es sind die letzten. Sie lassen sich von dem Comité einschüchtern! Nein, Sie kennen mich doch besser. Also, l. H., senden Sie es bitte sofort an die Adresse. . . . .

7. K. den 7. 1. 1906.

Werter Herr!

Da Sie sehr unvorsichtig sind bei Ihrer Arbeit und ich Sie schon öfter die Gelegenheit hatte Sie nachts zu beobachten, so mache ich Sie hierdurch darauf aufmerksam, denn es gibt noch mehrere Leute hierum und könnte die Möglichkeit sein, daß Sie andere Leute auch sehen nach Hause gehen mit Begleitung. Was ich meine, werden Sie wissen. Bitte hiemit für meine Aufmerksamkeit die Kleinigkeit von 2000 M. Es wird Ihnen doch nicht so viel sein gegen Ihre Ehre. Wenn ich vielleicht bis morgen Mittag im Besitze des Geldes bin, werde ich schweigen, wie das Grab gegen jedermann, andernfalls würde ich Anzeige erstatten und diese Brüder, die sich von Ihnen im H. . . . f. . . . lassen, die vielleicht dasselbe scheuen, würden wohl zu finden sein, und daß dies verboten ist, wissen Sie ja so gut, wie jedermann. Ich könnte es abholen lassen, denn daß Sie es bezahlen, dürfte ich doch hoffen, aber damit niemand etwas erfährt und was auch das beste ist, können Sie es ja H. p. l. schicken unter L. K. 100. und ich werde Ihnen nach Empfang sofort eine Quittung mit ganzem Namen und dem sicheren Versprechen, niemand etwas zu sagen und Sie noch auf die Hauptsache aufmerksam zu machen. Also spätestens morgen mittag 1 Uhr oder Sie bekommen morgen abend etwas anderes zu hören, denn ich werde nicht spaßen und meine Freunde hierum wir würden Ihnen noch ein Ständchen bringen. Brauchte Ihr Geld ja nicht, aber umsonst ist der Tod und für Sie ist es ein kleines Lehrgeld. (Ohne Unterschrift.)

8.

(Von demselben Täter an zwei verschiedene Personen gerichtete Briefe.)

a) Ch. 4. März 1906.

Herrn D.

Da ich schon seit dem 15. Januar krank bin durch Sie, Sie wissen doch, daß ich durch Sie ein gefallener Mensch geworden bin, Sie waren der erste und letzte, welcher mich zu Unsittlichkeiten gebraucht haben, ich habe durch Sie 40 Mark Doktorkosten gehabt; wenn Sie geneigt sind, sie zu bezahlen, mache ich nichts daraus, sonst zeige die Sache der Staatsanwaltschaft und der Oberpostdirektion an, denn mir ist jetzt ganz gleich, gefallen bin ich doch. Wenn ich bis morgen mittag kein Bescheid, bringe ich die Sache zur Anzeige auf mein Ehrenwort, denn ich muß den Arzt bezahlen und kein Geld habe ich.

Sie haben mir d . . A . . . . durchgestoßen und wenn ich selbst ins Loch komme, ist mir ganz gleich.

A. B.

b) Ch. 6. März 1906.

Herrn K.!

Da ich schon jetzt 14 Tage krank bin, denn ich habe einen schlimmen Mund und ein Geschwür am Kehlkopf habe von Sie, wie Sie mir am 21. Februar, Sie wissen doch schon — bin auch schon 14 Tage von B. fort und solange in ärztlicher Behandlung. Wenn Sie geneigt sind und die Sache ins Reine bringen, die Doktorkosten und meine Unkosten bezahlen, mache ich nichts daraus, sonst zeige ich es der Staatsanwaltschaft an. Also ich bitte Sie höflichst, bis morgen Dienstag abends 6 Uhr mündlich oder schriftlich Bescheid, denn Sie können Sich denken und nicht verlangen, daß ich durch Sie unglücklicher Mensch geworden, denn mir ist alles gleich, und wenn ich selbst was Strafe abbekomme.

Achtungsvoll

A. B.

9[1]).

Angeklagt sind: 1. der Kappenmacher Evers Folkers, 2. dessen Ehefrau, geb. Geeske Tjarks Janssen und 3. der Schuster Dirk Janßen Kruse, sämtlich aus Norden. Das genannte Ehepaar ist seit 13 Jahren verheiratet und hat in dieser Ehe drei noch lebende Kinder miteinander gezeugt.

Die Landgendarmerie zeigte im Juni 1851 dem Amte Norden an, daß allgemein verbreiteten Gerüchten zufolge das Ehepaar Folkers sich verschiedene Erpressungen gegen mehrere Nordener Bürger erlaubt, in der Weise, daß die Ehefrau Folkers dieselben angelockt, dabei aber sich absichtlich von ihrem Ehemanne habe ertappen lassen, welcher letztere dann den in seiner Hausehre Beleidigten gespielt, und schließlich durch allerlei Drohungen es zu erreichen gewußt,

[1]) Mitgeteilt in Hitzigs Annalen der deutschen und ausländischen Kriminalrechtspflege, Neue Folge, herausgegeben von H. T Schletter, Jahrgang 1852 (Band 29), S. 305, unter dem Titel: „Erpressung nach Verleitung zu verbotenem Geschlechtsumgang — epidemisch als verbrecherischer Industriezweig in Ostfriesland. Vom Herausgeber."

daß man ihn mit Geld zum Stillschweigen erkauft habe. Vorzugsweise solle unter diesen Streichen der jetzige Ökonom X. in O., welcher früher als Kaufmann in Norden gewohnt, gelitten haben.

Die darnach eingeleitete Untersuchung hat ergeben, daß der in mittleren Jahren sich befindende, seit 6—8 Jahren verheiratete Ökonom X. im Spätsommer des Jahres 1850 mit der Ehefrau Folkers verbotenen Umgang gepflogen hat. Der Ehemann Folkers erhält Kunde hiervon und schreibt nun eine Masse von Briefen, teils im eigenen, teils im Namen seiner Ehefrau an X., in welchen allen letzterer unter Bedrohung von Klage, Veröffentlichung des Vorgefallenen, Hinterbringung an seine, X.s Ehefrau usw., bedroht wird. Die Forderungen und Drohungen steigen in ihrer Größe und Kraft, als die Ehefrau Folkers am 14. April 1851 von einem lebenden Kinde entbunden wird, denn dieses soll die Frucht des verbotenen Umganges sein; „verflucht ist nun mein Name", schreibt Folkers an X., er wütet und tobt über seine verletzte Hausehre, läßt sich am Ende aber durch Geldspenden stets wieder zur Freundlichkeit bringen und stellt am Ende in seiner Liberalität dem X. seine Frau förmlich zur Verfügung unter den Worten: „nimm sie ganz hin — mein Haus steht bei Tage und bei Nacht dir offen". Den Betrag sämtlicher erpreßten Summen gibt der X. auf vierzig bis fünfzig Louisd'or an, ungerechnet die Waren, welche das Ehepaar auf Borg aus seinem Laden genommen. Aber noch ein dritter Dämon verfolgt jenen in dem Angeklagten Kruse. Dieser kommt hinter das vertraute Verhältnis zu der Ehefrau Folkers und macht infolge davon teils gemeinschaftliche Sache mit Folkers, teils erfindet er sich selbst ein Erpressungssystem. In ersterer Beziehung gibt Kruse an, daß er in Veranlassung des Folkers in dessen Namen einen Brief verfaßt, in welchem X. seines Verhältnisses zu der Ehefrau Folkers wegen unter Bedrohung mit einer gerichtlichen Klage zur Zahlung von 3—4 Louisd'or aufgefordert wird. Dieser Brief enthält keine Adresse und beruft Kruse sich deshalb zu seiner Entschuldigung darauf, daß Folkers ihn gegen Expromission einer — später übrigens nie erhaltenen — Belohnung zum Schreiben des Briefes vermocht, den Adressaten ihm jedoch nicht genannt habe. Dem steht aber außer mehreren anderen principaliter das entgegen, daß er gleich nach dieser Zeit auch in eignem Namen sein Erpressungsgeschäft eröffnete, damit beginnend, daß er dem X. eine anonyme „Warnungsanzeige" zugehen, dieser eine ähnliche Skriptur (mit periculum in mora bezeichnet) baldigst nachfolgen ließ und hiernächst sich selbst dem X. als den Verfasser jener beiden Piecen dekouvrirte, welcher denn schwach genug war, diesem Skribenten sein Verhältnis zur Ehefrau Folkers einzugestehen. Seit der Zeit begann auch Kruse durch Briefe, welche mit Drohungen angefüllt waren, dem X. nach und nach eine Summe von 13 Tlr. — (nach des Erpressers Behauptung jedoch nur 7 Tlr.) — abzupressen und außerdem, wie aber nicht häufig vorgekommen sein soll, aus X.s Laden Talglichte auf Borg zu holen.

Die Ehefrau Folkers hat bekannt: daß sie außer mit X. auch mit anderen Männern und zwar seit Jahren schon verbotenen Umgang gepflogen, nicht jedoch freiwillig, sondern von ihrem Ehemann gezwungen. Ihr Mann sei träge und unlustig zur Arbeit gewesen, sagt die Unglückliche, und durch tätliche Mißhandlungen sei sie von ihm gezwungen worden, abends förmlich dem ehrlosen Gewerbe nachzugehen. Der Ehemann leugnet solches beharrlich, allein er ist überführt; glaubhafte Zeugen stellen das Gesagte ans Licht, und bekräftigen daneben, daß er der abendlich auf die Straße Getriebenen in kleinen Distanzen nachgefolgt sei, um etwaige Liebhaber für sein Interesse zu ertappen. Wenn sie spät abends noch ausgegangen sind, so haben die Mitbewohner nicht selten gehört, daß der Angeklagte Folkers seine Ehefrau gefragt, ob sie das Ölfaß, ob sie den Butterteller usw. auch habe, wähnend, daß jene sich dadurch sollten täuschen lassen und das späte Ausgehen nicht auffallend finden — aber die Frau sagt selbst und unter Tränen, daß solches allerdings, jedoch nur zum Scheine vorgekommen sei.

10[1]).

Angeklagt sind: 1. Scherenschleifer Janssen, 2. dessen Zuhälterin Sophie Barlage, 3. Harm Gastmann, 4. Arbeiter Jan Janssen.

Im Herbste 1851 hat sich Sophie Barlage, während der Janssen in Osnabrück im Arbeitshause saß, einem Bürger aus L., dem Färber H. preisgegeben. Nach der kurz darauf erfolgten Rückkehr des Janssen aus der Strafanstalt haben die Erpressungsversuche teils auf mündlichem teils auf schriftlichem Wege begonnen. Die Mitangeklagten Gastmann und J. Janssen sind beschuldigt und geständig, zwei der an den H. gelangten Drohbriefe im Auftrage der Hauptangeklagten geschrieben zu haben; indes ist der von J. Janssen geschriebene Brief später vernichtet und dessen Inhalt nur aus den Aussagen der Hauptangeklagten zu ermitteln. Als diese Drohbriefe und die mündlichen Mahnungen nicht den gewünschten Erfolg bei dem Färber H. hatten, haben die Hauptangeklagten zu dem energischen Mittel gegriffen, einen mit dem Namen des Färbers H. unterzeichneten über 100 Tlr. lautenden falschen Schuldschein anfertigen und in die Hände eines Advokaten zur Anstellung einer Klage gegen H. gelangen zu lassen. Die Falschheit dieses Schuldscheins ergibt das bestimmte Urteil der Sachverständigen; dasselbe lehrt auch schon der bloße Augenschein; außerdem nimmt Färber H. dessen Ausstellung entschieden in Abrede. Die Angeklagten behaupten im Laufe der ganzen Verhandlungen ebenso wie in der Voruntersuchung, daß, als der Scherenschleifer Janssen dem H. angezeigt, daß dessen Umgang mit der Barlage Folgen haben werde, der H. sich sofort zu einem Versprechen von 100 Talern herbeigelassen, auch Waren, die die Angeklagten gefordert und später bezahlen oder anrechnen gewollt, ihnen unentgeltlich verabfolgt haben.

Die späteren mündlichen und schriftlichen Anmahnungen seien nur Erinnerungen an dieses Versprechen gewesen. Die Leistung eines solchen wird übrigens von dem H. eben so wie die Ausstellung des Schuldscheins auf das bestimmteste geleugnet.

---

[1]) Vgl. Anm. zu Fall 9.

11 [1]).

Die Angeklagten in dem vorliegenden Falle sind: 1. Der Arbeiter Hinricus Bünting, 2. dessen Ehefrau, 3. die unverehelichte Johanne Tjaden, 4. deren Mutter, Ehefrau Tjaden; sämtlich aus Norden.

Im Anfang Oktober 1851 haben sich die Ehefrau Bünting und die Johanne Tjaden (letztere diente damals als Kindermädchen bei einer mit Büntings in einem Hause zusammenwohnenden Familie) einmal gegenseitig ihre drückende Armut vorgeklagt und hat sich dabei die Tjaden namentlich bedauernd darüber geäußert, daß sie, da sie alle ihr Zeug versetzt und keine Mittel habe, solches wieder einzulösen, nicht imstande sein werde, den Hager Markt zu besuchen. Die Ehefrau Bünting hat darauf erklärt, daß das leichteste Mittel, zu Gelde zu kommen, das sein werde, wenn sie einen vermögenden Mann zu einem unerlaubten Verkehre zu verleiten vermöchte, der dann ihr Stillschweigen durch Geldspenden werde erkaufen müssen. Die Rollen sind dann von der Ehefrau Bünting so verteilt, daß dieselbe die Heranlockung eines passenden Individuums hat übernehmen wollen, während die Johanne Tjaden wie zufällig hat dazu kommen und den erforderlichen Lärm hat machen sollen. Nachdem die Tjaden auf diesen Plan eingegangen, ist derselbe noch an dem nämlichen Tage in der verabredeten Weise zur Ausführung gebracht. Die Bünting hat den 74 jährigen Particulier X. zu sich in ihre Wohnung geladen (ihr Ehemann war zu der Zeit bei dem Eisenbahnbau in Leer als Arbeiter beschäftigt). Nachdem der X. in der Büntingschen Wohnküche angekommen, erscheint die Johanne Tjaden, durch ein Fenster einsteigend und überhäuft die Bünting wegen Verletzung ihrer ehelichen Treue sofort mit den heftigsten Vorwürfen, mit hinzugefügter Drohung, von dem Vorfalle den Ehemann Bünting und ganz Norden in Kenntnis zu setzen. Die Ehefrau Bünting, dadurch anscheinend in die größte Bestürzung versetzt, läuft wie sinnlos in der Küche umher, so daß sich der X. gemüßigt sieht, sich ins Mittel zu legen und der Tjaden Geld dafür zu bieten, wenn sie von dem Vorgange weiter kein Aufhebens machen wolle. Er verspricht zu dem Ende erst einen halben, dann einen ganzen Taler und zahlt diesen auch am folgenden Tage an die Bünting aus, welche dieses Geld mit der Tjaden teilt. In den folgenden Tagen verfügt sich darauf die Tjaden auf wiederholtes Zureden der Bünting und von derselben durch Verabreichung von Branntwein ermutigt, noch zweimal zu dem X., um von demselben unter Wiederholung der nämlichen Drohungen mit allgemeiner Bekanntmachung seines Fehltrittes von neuem Geld zu erpressen; sie erhält das erstemal einen, das zweitemal zwei Louisd'or. Ersteren teilt sie wieder mit der Bünting; beim Empfang der beiden letzteren muß sie dem X. das Versprechen geben, der Bünting nichts davon zu sagen. Die Tjaden hält auch dieses Versprechen und liefert die im ganzen erhaltenen $2^1/_2$ Louisd'or an ihre Mutter ab, der sie dabei die Erwerbsart des Geldes, wenigstens in allgemeinen Umrissen, schildert. Die Ehefrau Tjaden behält gleichwohl das Geld und verwendet es in ihrem eigenen Nutzen; sie verbietet ihrer Tochter, nur sich fernerhin auf solche Dinge

---

[1]) Vgl. Anm. zu Fall 9

einzulassen. Die Ehefrau Bünting hat dann später noch allein zu zwei oder drei Malen (die Ermittelungen hierüber schwanken) dem X. je einen Louisd'or abgepreßt. Der Ehemann Bünting, kurze Zeit nach jenem Vorgange von der Arbeit zurückgekehrt, hat sich indessen mit so unbedeutenden Summen nicht begnügt, sondern dem Erpressungsbetriebe einen großartigeren Aufschwung gegeben. Er hat dem X. in kurzer Zeit nacheinander zuerst 15, dann 35 Pistolen abgefordert, und beide Summen infolge von Drohungen mit gerichtlicher Denunziation und Anzeige bei der Familie des X. auch erhalten. Bei dem Empfange der letzteren Summe hat er einen Schein ausgestellt, worin er den fraglichen Betrag „wegen Angriffe des X. auf seine Frau" erhalten zu haben, nun aber vergleichsweise befriedigt zu sein bekennt.

12[1]).

Anna Maria Schmitt, 39 Jahre alt, Seifensiederswitwe von Weisbach, k. Landgerichtes Bischofsheim, eine tief entsittlichte Person, die in ihrem Witwenstande drei außereheliche Kinder gebar, mag sich schon längere Zeit ein Geschäft daraus gemacht haben, Ehemännern unter dem Vorwande, daß sie von ihnen schwanger sei, Geld abzulocken, und sich dabei des Juden Moses Goldvogel von da, der, statt ein ordentliches Gewerbe zu betreiben, sich als Schmuser ernährt, als Unterhändler bedient haben. Für mehrere Fälle scheiterte der Beweis, weil wahrscheinlich die Geprellten aus Schamgefühl die Sache nicht offenbaren wollten; zwei Fälle aber kamen zur öffentlichen Verhandlung.

Die Beschuldigte stand im Geschäftsverkehr mit dem verehelichten Spenglermeister Sch. von Bischofsheim, welcher ihr Lichterformen fertigte. Am 4. Sept. 1849 ließ sie ihm durch Moses Goldvogel sagen, sie sei von ihm schwanger, und würde ihn verklagen, wenn er ihr nicht 200 Frank zahle. Sch., der sich keines fleischlichen Umganges mit der Schmitt bewußt war, verweigerte die Zahlung und erklärte, erst mit seiner Frau sprechen zu wollen; der Jude aber tat sehr eilig und wollte durchaus nicht zugeben, daß Sch. die Sache seiner Frau offenbare. Dieser aber wies den Juden ab, besprach sich mit seiner Frau, welche, damit ihr Mann dem Gerede der Leute entgehe, selbst nach Weisbach zur Schmitt ging, um die Sache abzumachen, und von dieser erfuhr, als ob Sch. ihr etwa 14 Tage vor Fastnacht 1849 (also Anfang Februar) fleischlich beigewohnt habe. Einige Tage nachher kam der Jude wieder in Sch.s Wohnung, und ließ sich endlich mit 30 fl. zufriedenstellen, welche ihm die Frau des Sch. gegen Willen ihres Mannes auszahlte. Sch. schrieb eine Quittung, der Jude trug die 30 fl. fort, händigte sie der in einem Nachbarhause wartenden Schmitt aus, diese unterschrieb die Quittung und Goldvogel setzte als Zeuge seinen Namen bei. Es wurde nachher ein Gespräch zwischen der Schmitt und dem Goldvogel angehört, wobei letzterer äußerte: „Jetzt

---

[1]) Mitgeteilt in: Sitzungsberichte der bayerischen Strafgerichte, herausgegeben von der Redaktion der Blätter für Rechtsanwendung, Band III, 1852, S. 221 ff.

haben wir den, wen kriegen wir nachher?" Auch war in der Gegend bekannt, daß Sch. kurz vorher eine Erbschaft gemacht hatte. Die Schwangerschaft der Sch. verzögerte sich über die ihrer Angabe entsprechende Zeit; sie wurde erst am 21. Dez. 1849 von einem Knaben entbunden. In der Voruntersuchung gestand Goldvogel, den Unterhändler gemacht, auch die erwähnte Äußerung, aber nur im Scherze, getan zu haben. Die Schmitt gestand gleichfalls, daß sie von Sch. 30 fl. durch die Bemühung des Goldvogel empfangen habe, behauptete, aber die 30 fl. nur als Abschlagszahlung an einer geforderten Abfindungssumme von 150 fl. in Empfang genommen zu haben, und jetzt der gegen sie sprechenden Quittung entgegen, daß sie Geschriebenes nicht lesen könne, und auf guten Glauben ihren Namen beigesetzt habe. Sie behauptete jetzt nicht bloß 14 Tage vor Fastnacht, sondern auch 4 Wochen (also in einer der Niederkunft entsprechenden Zeit) mit Sch. fleischlichen Umgang gepflogen zu haben, was dieser beharrlich in Abrede stellte.

Schon einige Jahre vorher hatte sie sich mit Moses Goldvogel darüber beraten, wen sie wohl als Vater ihres zweiten außerehelichen im Jahre 1841 geborenen Kindes in Anspruch nehmen könne. Goldvogel äußerte, er kenne einen Juden, Br. von Bastheim, welcher sich viel zu sehr schäme, als daß er sich so etwas nachreden lasse, und würde ihr gerne etwas geben, um Ruhe zu bekommen, wenn er auch ganz rein sei. Goldvogel setzte hierauf im Jahre 1847 den schon über 60 Jahre alten Br. davon in Kenntnis, daß die Schmitt ihn als Vater ihres Kindes gerichtlich belangen würde, wenn er sich nicht mit ihr abfände. Br. ließ sich damals auf nichts ein. Bald nachher nahm die Schmitt wirklich eine Vorladung auf ihn zu einem Gerichtstage des kgl. Landgerichts Mellerichstadt; beide Teile erscheinen aber nicht an der Tagfahrt. Am 5. Mai 1848 erwirkte sie eine neue Vorladung des Br. zu Gericht auf den 19. Mai; Goldvogel ging mit ihr bis ans Landgerichtsgebäude, gab ihr die Anleitung, was sie zu Protokoll geben sollte, und empfahl besonders noch dem Gerichtsdiener, die Vorladung dem Br. ja nur persönlich zuzustellen. Am 19. Mai 1848 erschienen beide Teile beim k. k. Landgericht Mellerichstadt, und Anna Maria Schmitt gab eine Klage zu Protokoll, worin sie ausführlich vortrug, wie Br. 1841 sie im Walde fleischlich gebraucht, daß sie ihn damals nicht gekannt, und jetzt erst ausgekundschaftet habe, daß er die Mannsperson sei, mit welcher sie damals zu tun gehabt. Sie forderte 100 fl. Abfindungssumme und 6 fl. Kindbettkosten, setzte aber am Schlusse der Klage bei, sie wolle sich erst noch zu vergleichen suchen, und wenn der Beklagte auf ihre billige Forderung nicht eingehe, so behalte sie sich die Austragung ihrer Ansprüche im Rechtswege vor. Die Klage wurde daher nicht weiter verhandelt. Schon am 23. Mai 1848 erwirkte aber Br., der sich durch diese Klage an seiner Ehre gekränkt sah, gegen Anna Maria Schmitt beim k. Landgericht Bischofsheim eine Vorladung wegen Injurien auf den 6. Juni. Nun kam durch Unterhandlungen des Goldvogel eine Übereinkunft zwischen der Schmitt und dem Br. zustande, daß, wenn erstere auch die Injurienklage für ihre Angabe, von Br. geschwängert zu sein, widerrufen würde, dieser ihr 40 fl. zahlen wolle. Am 6. Juni 1848 erschienen beide Teile beim

k. Landgericht Bischofsheim, Br. gab seine Injurienklage in Protokoll, die Schmitt widerrief hierauf ihre Angaben in ihrer Klage vom 19. Mai und leistete dem Br. Abbitte. Beide begaben sich sodann mit Goldvogel an einen Platz außerhalb der Stadt, wo Br. der Schmitt 40 fl. und dem Goldvogel für seine Bemühungen 5 fl. auszahlte.

13 [1]).

Die Postillonsfrau Margaretha Müller von Thiersheim hatte von dem ledigen Gastwirtssohn Christian Hagn, mit welchem sie einmal den Beischlaf gepflogen hatte, durch Bedrohung mit Klagestellung vor Gericht und anderen beängstigenden Zudringlichkeiten für sich und ihr Kind Alimente und Entschädigungsgelder zu verschaffen gewußt, und diese ihre Nötigungen zu Zahlungen mehrere Jahre, selbst nachdem sie im Jahre 1849 nach Empfang von 30 fl. eine Urkunde unterzeichnet hatte, worin sie sich eine weitere Anforderung an Christian Hagn nicht mehr zu stellen verbindlich gemacht hatte, fortgesetzt, ja selbst dann noch Geld von Christian Hagn verlangt, nachdem sie von demselben zur Klagstellung provoziert, durch das k. Landgericht Wunsiedel zu ewigem Stillschweigen mit ihren Ansprüchen verurteilt worden war.

Margaretha Müller, welche von ihrem Ehemanne nicht getrennt lebte, hatte diesem ihren Umgang mit Christian Hagn, sowie die an demselben verübten Zudringlichkeiten bis um Ostern 1852 verschwiegen und selbst geäußert, daß das Kind, bezüglich dessen sie die Anforderung an Christian Hagn gemacht, nicht von diesem erzeugt, sie vielmehr zur Zeit des Beischlafs mit ihm schon von ihrem Ehemanne schwanger gewesen sei.

14 [2]).

Ein oberschlesischer Aristokrat, der in Berlin lebt, wurde am Montag von einer Frau angeklingelt und um eine Unterredung ersucht, die anfänglich verweigert wurde. Darauf wurde die Stimme am Telephon dringlicher und bedeutete dem Aristokraten, es handle sich um eine Preßangelegenheit, die für ihn von größter Bedeutung sei. Mehr war telephonisch nicht zu ermitteln. Der Aristokrat bestellte darauf die Dame auf sieben Uhr abends in seine Wohnung, benachrichtigte aber zugleich den ihm befreundeten Kriminalkommissar T., der im Nebenzimmer hinter der wenig geöffneten Schiebetür der bevorstehenden Unterredung beiwohnen sollte.

Pünktlich erschien eine große, starke Frau in elegantem Persianerjackett, die sowohl in ihrem Äußeren als in ihrer Sprechweise den Eindruck einer Dame aus besseren Bürgerkreisen machte. Sie war nicht hübsch, aber eine sympathische Erscheinung etwa im Anfang der Vierziger. Sie legitimierte sich als eine Frau Sch. und erklärte gleich eingangs, daß sie Beziehungen in den besten Kreisen habe, morgen z. B.

---

[1]) Sitzungsberichte der bayerischen Strafgerichte, Bd. V, 1853, S. 324 ff.
[2]) Mitgeteilt in der B. Z. am Mittag vom 13. Januar 1909.

habe sie drei Stunden auf dem Auswärtigen Amte zu tun. Der Aristokrat gewann den Eindruck, als habe er es mit einer besseren Kupplerin zu tun. Sehr bald aber zeigte sich die gefährliche Natur der Besucherin. Sie teilte mit, einem ihrer Freunde, einem Redakteur, der zu allen großen Blättern Beziehung habe, sei über den Aristokraten und seine Gattin eine Fülle von Material zugetragen worden, dessen Veröffentlichung ihm sehr peinlich sein würde. Der Freund wäre aber bereit, den Artikel nicht zu schreiben, wenn . . .

Da fiel der Aristokrat ein: „Gut, Madame, ich weiß schon und bin bereit 500 Mark zu zahlen, ich muß aber den Artikel sehen und die Garantie erhalten, daß er nicht erscheint, trotzdem ich die Summe bezahlt habe." Die Frau erklärte, dafür die volle Garantie übernehmen zu können, den Namen des Redakteurs zu nennen und den Artikel zu zeigen verweigerte sie, bevor sie die Geldsumme erhalten habe.

Tags darauf teilte Frau Sch. dem Aristokraten mit, daß der Freund mit der Höhe der Summe nicht einverstanden sei und es wurde daher auf den Abend eine neue Besprechung verabredet, der nunmehr die Kriminalkommissare T. und K. hinter der Schiebetür beiwohnten. Diesmal brachte die Frau den Artikel, der tatsächlich von Verdächtigungen strotzte. „Wie kommt es, hieß es darin, daß ein Prinz aus dem Johanniterorden ausgeschlossen wurde und der Aristokrat trotz andersartiger aber viel schlimmerer Verfehlungen noch im Malteserorden geduldet wird." Alle Anschuldigungen beruhten auf Erfindung; waren aber besonders gegen die Gattin des Aristokraten so ungeheuerlich, daß der Herr, scheinbar betroffen, 1000 Mark bot. Frau Sch. ging sofort darauf ein und teilte mit, daß der Redakteur von einem Freunde des Aristokraten informiert sei. Sie werde die Garantie übernehmen, daß nichts in die Presse käme und auch der Freund verhindert werde, sich an eine andere Zeitung zu wenden. Der Freund sei ein mächtiger Zeitungsmann und werde seinen Gewährsmann unmöglich machen.

Darauf der Aristokrat: „Nun gut, ich habe die tausend Mark nicht hier, ich muß sie erst von der Bank holen lassen. Wollen Sie morgen wiederkommen und das Geld in Empfang nehmen."

Frau Sch. weigerte sich noch einmal zu kommen und verlangte eine Zusammenkunft in der Wilhelmstraße, da sie heute vormittag im Auswärtigen Amte zu tun habe. Schließlich einigte man sich dahin, daß der Aristokrat das Geld heute um 11 Uhr in der Wohnung der Sch. abgeben solle. Darauf verließ sie die Wohnung.

15 [1]).

A. bezog von der Redaktion einer Zeitung für Berichte über öffentliche Gerichtsverhandlungen ein Honorar. Er ging der wegen Veränderung des Personenstandes ihres unehelich geborenen Kindes angeklagten, aber freigesprochenen S. aus dem Gerichtssaale nach und teilte ihr mit, daß sie gegen Zahlung von M. 5.— die Veröffentlichung der Verhandlung in der Zeitung abwenden könne.

---

[1]) RGSt. X. 217.

B. Begriffsbestimmung der Chantage.

Die Analyse der Fälle ergibt:

1. Zweck des Täters ist Erlangung eines Vermögensvorteils, sei es in Form eines Darlehens, sei es in der einer einmaligen Zuwendung oder einer wiederkehrenden Rente.

2. Zur Erreichung dieses Zweckes schlägt der Täter folgenden Weg ein: er knüpft an einen Vorgang aus dem Leben der zum Opfer gewählten Person oder an ihre Handlung an, deren Geheimhaltung in ihrem Interesse liegt, und sucht sie zu veranlassen, sein Schweigen zu erkaufen. Die Form der Einwirkung nimmt selten die einer Drohung an; in der Regel meidet der Täter die Form des Konditionalsatzes und wählt die einer Anspielung, indem er durchblicken läßt, daß er in der Lage sei, einen Schaden zuzufügen oder ein drohendes Übel abzuwenden; der Forderung von Vermögensvorteilen sucht der Täter die Härten dadurch zu nehmen, daß er ihr die Form der Bitte um ein Darlehen oder um eine Unterstützung verleiht.

3. Die Handlung oder der Vorgang, dessen Geheimhaltung der Täter sich erkaufen läßt, weisen ein gemeinsames Merkmal auf: sie weisen einen die Ehre oder den guten Ruf affizierenden Inhalt auf. In Betracht kommen unehrenhafte, unsittliche und strafbare Handlungen.

4. Dieser Vorgang bzw. diese Handlung kann, aber muß nicht tatsächlich vorkommen, bzw. begangen worden sein; der Täter rechnet damit, daß das Opfer aus Furcht oder Schwäche sein Schweigen bezahlen wird, um auch nur den Verdacht einer unehrenhaften Handlung von sich abzuwenden.

5. Die Einwirkung auf das Opfer kann entweder mündlich oder schriftlich vorgenommen werden; im zweiten Fall geschieht die Mitteilung in einem an das Opfer gerichteten Schreiben oder in einer für die Öffentlichkeit bestimmten Druckschrift.

6. Die Gewährung der Vorteile nimmt äußerlich die Form eines vertragsmäßigen Geschäfts an: der Täter verpflichtet sich zu schweigen, wenn das Opfer die gestellten Bedingungen erfüllt.

Die Zusammenfassung der wesentlichen Merkmale führt zu folgender Begriffsbestimmung: die Chantage ist gewinnsüchtige Einschüchterung durch verkappte Drohung mit Bloßstellung.

Zweiter Abschnitt.

Rechte ohne selbständigen Tatbestand der Chantage.

A. Die strafrechtliche Behandlung der Chantage in Österreich.

Literatur: Finger, Das Strafrecht, aus „Compendien des österreichischen Rechtes“, Band 1, 2 Aufl. 1902, Band 2, 1895.

Herbst, Handbuch des allgemeinen österreichischen Strafrechts, 2 Bände 7. Aufl. 1882, 1884.

Janka, Das österreichische Strafrecht, 4. Aufl. durchgesehen und ergänzt von Kallina, Wien 1902.

Krzymuski, Wykład prawa karnego, 2. Aufl., Krakau, Band 1, 1901, Band 2, 1902.

Lammasch, Grundriß des Strafrechts, 3. Aufl., Leipzig 1906 (Grundriß des österreichischen Rechts in systematischer Bearbeitung, herausg. von Finger und Frankl, 2. Band, 4. Abteilung).

Stooß, Lehrbuch des österreichischen Strafrechts, erste und zweite Lieferung, Wien und Leipzig 1909.

Glaser, Abhandlungen aus dem österreichischen Strafrecht. Über strafbare Drohungen. Wien 1858.

I. Unter der Geltung des Strafgesetzes vom Jahre 1803 kommt die Chantage strafrechtlich überhaupt nicht in Betracht; weder die Literatur noch die Praxis erwägen die Strafwürdigkeit oder die Strafbarkeit der Chantage, wiewohl Fälle der Chantage begangen und den Gerichten bekannt gemacht werden.

Zur Erhärtung des Gesagten seien folgende Mitteilungen der Literatur angeführt:

a) [1])

„Unterm 27 Mai 1833 bemerkte der Bauer A. im A-Walde, den er durchzugehen hatte, einen geschlachteten Ochsen liegen. Von dem letzteren wurde schon mehreres Fleisch ausgearbeitet und ein Teil davon in zwei dort gestandene Butten gefüllt, welche A. nach der darauf befindlichen Bezeichnung sogleich für die Butten seines im Markte Gk. in Nieder-Österreich wohnenden Nachbarn F. erkannte. In der Mutmaßung über die gemachte Entdeckung, daß F. hier einen Diebstahl beabsichtigt habe, faßte A. den Entschluß, davon Nutzen zu ziehen.“ Er begab sich abends mit seiner Frau und drei Freunden an den Ort, eignete sich die Butten des F. an und füllte zwei mitgebrachte Butten mit Fleisch. Die Nachricht vom Diebstahl verbreitete sich unter den Bauern. „Dieser Ruf bewog den ziemlich vermöglichen F., den Eigentümer des Ochsen aufzusuchen, um sich mit demselben

[1]) Zeitschrift für österreichische Rechtsgelehrsamkeit und politische Gesetzkunde, Jahrgang 1835, I. Stück, S. 43 ff.: Criminal-Rechtsfall in Beziehung auf den § 167 des ersten Teiles des österreichischen Strafgesetzbuches. Von Herrn Andreas Visini, Kriminal-Aktuar beim Wiener Magistrate.

über den ihm zugegangenen Schaden abzufinden, insbesondere, weil inzwischen auch A. von F. noch ein Geschenk von 100 fl. wegen Verschweigung des Vorfalles anzusprechen sich erdreistete, widrigenfalls mit gerichtlicher Anzeige desselben drohte."

b) [1])

Nach dem Tode des Pfarrers G. R. hat die D. N. aus dessen Verlassenschaft drei Staatsobligationen à 500 fl., à 500 fl. und à 100 fl. entwendet und gab die Obligation à 100 fl. dem J. K. aus dem Grunde, weil S. K. drohte, die D. N. wegen dieser Entwendung bei der Obrigkeit anzuzeigen, daher die D. N. bei Übergabe der Obligation à 100 fl. an den S. K. diesen bat, über diese Entwendung zu schweigen, was auch S. K. tun zu wollen versprach. Dessenungeachtet ist aber diese Entwendung durch einen Dritten dem Kriminalgerichte angezeigt worden.

Die beiden Verfasser, die diese gerichtlichen Fälle mitteilen, erörtern die an den Tatbestand sich knüpfenden juristischen Fragen; mit keinem Worte wird die Frage berührt, ob die von A. an F. (Fall a) oder die von S. K. an D. N. (Fall b) verübte Chantage strafrechtlich in Betracht kommt.

II. Seit der Einführung des geltenden Strafgesetzes vom Jahre 1852 läßt sich die strafrechtliche Würdigung der Chantage in der Rechtsprechung und — wenn auch spärlich — in der Literatur verfolgen.

Die strafrechtliche Beurteilung von Fällen der Chantage stellt den Richter in Österreich vor die Alternative: entweder die Chantage in Ermangelung eines gesetzlichen selbständigen Tatbestandes straflos ausgehen zu lassen oder unter eine der Bestimmungen des Strafgesetzes zu subsumieren.

Der erste Weg, der zur Straflosigkeit der Chantage führt, ist chronologisch der frühere: den Standpunkt der Rechtsprechung bringt folgende Entscheidung vom 11. Januar 1854 [2]) in grundsätzlicher Weise zum Ausdruck:

[1]) Zeitschrift für österreichische Rechtsgelehrsamkeit und politsche Gesetzkunde, Jahrgang 1840, I. Stück, S. 69 ff.: Kriminalrechtsfall zur Erläuterung des Begrifis vom Verbrechen des Diebstahls. Von Herrn Josef Kitka, k. k. Appellationsrate.

[2]) S. Glaser, Berichte über die Wirksamkeit des k. k. obersten Gerichts- und Kassationshofes in Strafsachen in Haimerls Magazin für Rechts- und Staatswissenschaft, Band X, S. 193, Nr. V; vgl. auch OGH. 421.

Wenzel Ch. hatte den Franz S. der Entwendung einer Kreuzersemmel, sowie einer früheren ähnlichen Entfremdung beschuldigt und durch die Androhung gerichtlicher Anzeige unter Beihilfe des Gemeindevorstehers W. R. die Ausstellung eines Schuldscheines über 16 fl. C. M. erwirkt.

Das Landesgericht Tabor nahm nicht als erwiesen an, daß es dem Angeklagten mit dieser Forderung nicht Ernst gewesen — und verurteilte ihn wegen Betrugs. Der Kassationshof hob das Urteil auf und erklärte in der Begründung:

„Dieser ganzen Tathandlung fehlt ein Hauptkriterium jedes Betruges, nämlich eine listige Vorstellung oder Handlung, um jemand in Irrtum zu führen, oder die Benutzung eines solchen Irrtums, da eine solche listige Handlung in der Drohung einer gerichtlichen Anzeige um so weniger liegt, als das Landesgericht nicht als erwiesen annahm, Ch. würde, wenn S. den Schuldschein nicht ausgefertigt hätte, die Drohung der Anzeige nicht in Vollzug gesetzt haben.

Wenn nun auch dieser Vorgang nach ethischen Gesetzen sträflich erscheint, ja gewissermaßen einer Erpressung sehr nahe kommt, so liegt doch darin demzufolge kein Betrug . . .“

III. Auf die kurze Periode, in welcher die Chantage straflos ausgeht, folgt die zweite, in welcher die Chantage strafrechtlich verfolgt wird. Die Chantage wird in der Regel mit zwei Tatbeständen identifiziert: mit dem Betrug und der Erpressung. Während jedoch die Subsumption der Chantage unter den Tatbestand des Betrugs die Zustimmung der höheren Instanzen nicht findet und allmählich auch von den unteren Instanzen aufgegeben wird, mehren sich die Versuche, in der Chantage den Tatbestand des § 98, lit. b (Erpressung) zu erblicken, und werden durch die ursprünglich schwankende, nunmehr konstante Praxis des Kassationshofes begünstigt; doch wäre auch heute die Behauptung gewagt, die Ansicht, daß die Chantage ihrem Wesen nach ein Fall der Erpressung sei, gelte in Österreich als *communis opinio* der Praxis [1]).

IV. Zur Beurteilung der Frage, ob die Chantage unter § 98 lit. b falle, ist es erforderlich, auf den Tatbestand der Erpressung im österreichischen Strafgesetze einzugehen. § 98 lautet:

---

[1]) Nach den in der Glaserschen und Nowakschen Sammlung veröffentlichten Entscheidungen wurden folgende Fälle der Chantage als „Erpressung“ bestraft: OGH. 1151, Kass.-H. 414, 890, 980, 1562, 2290, 2512, 2448, 2618; in mehr als der Hälfte der hier mitgeteilten Fälle wurde von der unteren Instanz ein Freispruch gefällt (OGH. 1151, Kass.-H. 414, 980, 2448, 2618).

Öffentliche Gewalttätigkeit.
m) durch Erpressung.

Zwölfter Fall. Des Verbrechens der öffentlichen Gewalttätigkeit durch Erpressung macht sich schuldig, wer

a) einer Person wirklich Gewalt antut, um sie zu einer Leistung, Duldung oder Unterlassung zu zwingen, insoferne sich seine Handlung nicht als ein schwerer verpöntes Verbrechen darstellt.

Unter derselben Voraussetzung begeht eben dieses Verbrechen derjenige, der

b) mittelbar oder unmittelbar, schriftlich oder mündlich, oder auf andere Art, mit oder ohne Angabe seines Namens, jemanden mit einer Verletzung an Körper, Freiheit, Ehre oder Eigentum in der Absicht bedroht, um von dem Bedrohten eine Leistung, Duldung oder Unterlassung zu erzwingen, wenn die Drohung geeignet ist, dem Bedrohten mit Rücksicht auf die Verhältnisse und die persönliche Beschaffenheit desselben, oder auf die Wichtigkeit des angedrohten Übels gegründete Besorgnisse einzuflößen; ohne Unterschied, ob die erwähnten Übel gegen den Bedrohten selbst, dessen Familie und Verwandte, oder gegen andere unter seinen Schutz gestellte Personen gerichtet sind, und ob die Drohung einen Erfolg gehabt hat oder nicht.

Die Bestimmung des § 98 lit. b ist aus einem Hofkanzleidekret vom 19. Juni 1835 hervorgegangen [1]); dieses Dekret wurde seinem Eingang nach erlassen, „um den Zweifeln und Anständen zu begegnen, welche sich hinsichtlich der Strafbarkeit solcher Drohungen ergeben haben, die nicht etwa zufolge der Bestimmungen des ersten Teiles des Strafgesetzbuches als Verbrechen zu betrachten und zu bestrafen sind".

Das Dekret bestimmt im § 1:

---

[1]) Vgl. zu der wenig beachteten Entstehungsgeschichte des § 98 lit. b StG.: J. Koppel, Versuch einer Erklärung der allerhöchsten Entschließung vom 19. Juni 1835 über die als Verbrechen strafbaren Drohungen in: Zeitschrift für österr. Rechtsgelehrsamkeit und polit. Gesetzkunde, Jahrgang 1836, II. Stück S. 245 ff. — Waser, Beitrag zur Erklärung der a. h. Entschließung vom 19. Juni 1835 über das Verbrechen der öffentlichen Gewalttätigkeit durch gefährliche Drohungen in fortlaufender Vergleichung mit dem Verbrechen des Raubes in: Zeitschrift für österr. Rechtsgelehrsamkeit und polit. Gesetzkunde, Jahrgang 1840, II. Stück, S. 338 ff. — Glaser, S. 143 ff. — Stooß, S. 277.

Wer mittelbar oder unmittelbar, schriftlich oder mündlich, oder auf andere Art mit oder ohne Angabe seines Namens, mit Mord, schwerer Verwundung oder Verletzung, Gefangennehmung, Raub, Brandlegung, Zerstörung von Wasserwerken, oder mit anderen bedeutenden Beschädigungen des unbeweglichen oder beweglichen Eigentums in der Absicht droht, um von dem Bedrohten eine Leistung oder Unterlassung zu erzwingen, begeht, insofern sich die Tat nicht etwa schon in Gemäßheit der Bestimmungen des ersten Teiles des Strafgesetzbuches als ein Verbrechen darstellt, das Verbrechen der öffentlichen Gewalttätigkeit, wenn die Drohung geeignet ist, dem Bedrohten mit Rücksicht auf die Verhältnisse und persönliche Beschaffenheit desselben gegründete Besorgnisse einzuflößen ohne Unterschied, ob die erwähnten Übel gegen den Bedrohten selbst, dessen Familie und Verwandte, oder gegen andere unter seinen Schutz gestellte Personen gerichtet sind, und ob die Drohung einen Erfolg gehabt hat oder nicht.

Die Vergleichung des § 1 des Hofkanzleidekrets mit dem § 98 lit. b StG. ergibt, daß beide Tatbestände die Drohung mit einem bestimmten Inhalt und von bestimmter Intensität voraussetzen, welche die Erzwingung einer Leistung oder Unterlassung bezweckt; was die beiden Tatbestände voneinander unterscheidet, besteht in der Qualität des angedrohten Übels: während das Dekret eine Drohung mit einem Verbrechen im engeren Sinne des Wortes erfordert, genügt nach § 98 schon die Drohung mit einer Verletzung an Körper, Freiheit, Ehre und Eigentum. Immerhin muß nach § 98 lit. b das in Aussicht gestellte Übel ein an sich rechtswidriges Übel sein; der Inhalt der Drohung muß an sich schon eine strafbare Handlung bilden [1]).

[1]) Vgl. Glaser, S. 194: „Das Gesetz bezeichnet das Minimum der angedrohten Verletzung, welches zum Tatbestande der Erpressung genügen soll, nirgend; indeß ist aus dem gewählten Ausdrucke „Verletzung" doch wenigstens so viel zu folgern, daß das in Aussicht gestellte Verhalten zum mindesten eine strafbare Handlung, wenn auch nur eine sehr leicht zu bestrafende sein müsse". Ähnlich S. 158, 196; Lammasch: S. 87: „Androhung eines Nachteiles, welchen der Drohende je nach seinem Interesse und nach seiner Willkür dem Bedrohten zuzufügen befugt ist, begründet nicht Erpressung." Finger, II. S. 113: „Die Drohung muß rechtswidrig sein, wer nur ein Mittel androht, das er auch anzuwenden berechtigt ist, begeht dieses Verbrechen nicht." — Anderer Ansicht Janka, S. 213.

Dagegen braucht die Erzwingung der Leistung, Duldung oder Unterlassung an sich nicht rechtswidrig zu sein; auch eine Leistung, Duldung oder Unterlassung, auf welche dem Täter ein Recht zusteht, kann nach § 98 lit. b erzwungen werden, wenn nur die angewendete Drohung die im Gesetze statuierten Merkmale aufweist [1]). Der Tatbestand des § 98 setzt schließlich weder Bereicherungsabsicht voraus noch weist er überhaupt den Charakter eines Vermögensdeliktes auf; auch die zurzeit in Österreich herrschende Ansicht, nach der der Ausdruck „Leistung" einen engeren Sinn hat, sieht im Tatbestand des § 98 kein Vermögensdelikt [2]).

Der Tatbestand des § 98 lit. b wird somit durch die Bedrohung mit rechtswidrigem Verhalten in der Absicht, den Bedrohten zu einem nicht notwendig rechtswidrigen Verhalten zu bestimmen, erfüllt.

Ein solcher Tatbestand aber entspricht seinem Wesen nach der Nötigung; das österreichische Strafgesetz kennt nur den Namen, nicht das Wesen der Erpressung; dies beweist der Wortlaut des Gesetzes, seine Entstehungsgeschichte und der ausdrücklich betonte subsidiäre Charakter des Tatbestandes [3]).

Der Tatbestand des § 98 wurde vom Kassationshof in seinen Entscheidungen völlig verkannt; im strikten Gegensatz zum Wortlaut des Gesetzes erklärt der Kassationshof: „Für den Tatbestand des im § 98 StG. normierten Deliktes ist es irrelevant, ob der Täter überhaupt ein Recht hatte, das angedrohte Übel

---

[1]) Richtig: Janka, S. 213, Finger, II. S. 111, Stooß, S. 281, 282; anders Glaser, S. 174, Lammasch, S. 87, Krzymuski, II. S. 348.

[2]) Glaser, S. 170: „Es geht wohl (so wie der Gegenstand im österreichischen Recht behandelt ist) nicht an, den Begriff der Erpressung geradezu auf Vermögensverkürzungen zu beschränken." — Kass..H. 2618: „Der Begriff der Erpressung ist nicht auf Vermögensverkürzungen zu beschränken; er trifft jede Handlung von privatrechtlichem Werte... Es fallen unter § 98 StG. auch Handlungen von rein ethischem Werte."

[3]) Scharf tritt der wahre Charakter des § 98 StG. im Lichte der rechtsvergleichenden Darstellung hervor; vgl. Frank in: Vergleichende Darstellung des deutschen und ausländischen Strafrechts, Besonderer Teil, Band VI, S. 34, 102 und Rosenfeld ebendort, Besonderer Teil, Band V, S. 414, und besonders Stooß, S. 278. Nach Lammasch (S. 87) „rechnet das StGB. auch die Nötigung der modernen Theorie zur Erpressung"; da begrifflich die Nötigung im Verhältnis zur Erpressung den weiteren Kreis darstellt, so ist die Behauptung berechtigt, daß das StG. die Erpressung im Tatbestand des § 98 (Nötigung) aufgehen läßt.

in Vollzug zu setzen, sobald nur seine Absicht dahin gerichtet war, von dem Bedrohten eine Leistung, auf welche dem Drohenden kein Recht zustand .... zu erzwingen [1])."

In Wirklichkeit aber setzt der § 98 nur die Rechtswidrigkeit der Nötigungsmittel voraus — und eben die Rechtswidrigkeit der erzwungenen Handlung ist für dessen Tatbestand irrelevant [2]).

V. Die Verkennung des Tatbestandes des § 98 lit. b führte den Kassationshof zur Subsumption der Chantage unter diese Bestimmung; dem vom Kassationshof zu diesem Zwecke betretenen Weg der gekünstelten Interpretation suchen die unteren Instanzen vergebens auszuweichen. So erblickten die unteren Instanzen im Gegensatz zum Kassationshof in der Drohung mit Enthüllung wahrer Tatsachen [3]) oder in der Drohung mit der Anzeige eines Verbrechens bei Gericht [4]) keine Bedrohung mit Verletzung an Freiheit oder Ehre; in einem anderen Falle der Inaussichtstellung einer falschen Beschuldigung verneinte die untere Instanz die Eignung der Drohung, dem Bedrohten gegründete Besorgnisse einzuflößen, da der Bedrohte in seinem Gewissen sich rein fühlte und durch die Drohung nicht beunruhigt wurde [5]).

---

[1]) Kass.H. 890, vgl. auch Kass.H. 401, 202, 282. Kass.H. 2290 meint: „Dieser Zwang ist ein widerrechtlicher vermöge des Zweckes, den er verfolgte." Der Einfluß der deutschen Rechtsprechung über § 253 RStGB. und der deutschen Doktrin ist hier unverkennbar. Die Rechtswidrigkeit des Zweckes übertrage sich auf die Zwangsmittel und mache diese selbst zu rechtswidrigen. Vgl. hierüber besonders Frank, Vergleichende Darstellung des deutschen und ausländischen Rechts, Besonderer Teil, Band VI, S. 103.

[2]) Der Bericht des ständigen Strafgesetzausschusses über die Regierungsvorlage, betreffend die Einführung eines Strafgesetzes über Verbrechen, Vergehen und Übertretungen, und das dazugehörige Strafgesetz (Nr. 709 der Beilagen zu den stenogr. Protokollen des [österreichischen] Abgeordnetenhauses — XI. Session 1893) stellt in bezug auf § 98 StG. fest (S. 63), „daß in den Entscheidungen der letzteren Zeit an dem Erfordernisse der Rechtswidrigkeit des Übels mit dem gedroht wird, nicht festgehalten wurde"; daraus ergibt sich keineswegs, daß „das Wort „Verletzung" in bezug auf die Frage der Rechtswidrigkeit der Nachteile als ein weniger präziser Begriff erscheint", sondern es fragt sich eben, ob die Entscheidungen der letzteren Zeit zu dieser „Erläuterung des Begriffs" berechtigt sind.

[3]) OGH. 1151.

[4]) Kass.H. 980.

[5]) Kass.H. 414, vgl. hierzu die in Kass.-H. 144 zitierte Entscheidung vom 26. April 1854, Z. 3813.

VI. Das Verhältnis der Chantage zum Tatbestand des § 98 lit. b StG. ist folgendes:

Die Chantage bedient sich an sich nicht rechtswidriger, ja auch rechtmäßiger Mittel, um einen rechtswidrigen Erfolg herbeizuführen; § 98 lit. b setzt die Anwendung an sich rechtswidriger Nötigungsmittel voraus, gleichviel ob das erzwungene Verhalten rechtswidrig oder rechtmäßig ist. Bildlich stellen die Chantage und die „Erpressung" des österreichischen Strafgesetzes zwei sich schneidende Kreise dar; die Chantage kann nur ausnahmsweise (Drohung mit falscher Anzeige eines Verbrechens, die geeignet ist, dem Bedrohten gegründete Besorgnisse einzuflößen, oder Drohung mit Veröffentlichung wahrer ehrenrühriger Tatsachen des Privat- und Familienlebens im Sinne der §§ 489 und 490 StG.) den Tatbestand des § 98 lit. b erfüllen; in der Regel bleibt die Chantage nach dem österreichischen Strafgesetze straflos, und die Bestrafung der Fälle der Chantage nach § 98 lit. b steht im Widerspruch zu Art. IV des Kundmachungspatents vom 27. Mai 1852 [1]).

B. Die strafrechtliche Behandlung der Chantage in Deutschland.

Literatur: Merkel in: Holtzendorffs Handbuch des deutschen Strafrechts. In Einzelbeiträgen. I—III Berlin 1871—1874. IV (Supplement), Berlin 1877. — Band III, S. 724 ff.

Binding, Lehrbuch des gemeinen deutschen Strafrechts, Besonderer Teil, I. Band, zweite Aufl. Leipzig 1902, S. 372 ff.

Derselbe, Die Normen und ihre Übertretung, Band I, 2. Aufl. Leipzig 1890. Band II, 1. Aufl. Leipzig 1877. — Band II, S. 559 ff.

Liszt, Lehrbuch des deutschen Strafrechts, 16. und 17. Aufl. Berlin 1908. S. 473 ff.

Frank, Das Strafgesetzbuch für das Deutsche Reich, 5.—7. Aufl., Tübingen 1908. S. 410 ff.

[1]) S. Glaser, S. 205, der in bezug auf die in gewinnsüchtiger Absicht vorgenommene Ankündigung einer wahrheitsgetreuen strafrechtlichen Anzeige oder einer Privatklage erklärt: „Und wenn die Gesetzgebung nicht durch einen besonderen Strafsatz die öffentlichen Institutionen, welche auf diese Weise zum Werkzeuge schmutziger Privatunternehmungen gemacht werden, vor solchem Mißbrauch geschützt hat, so entrinnt ein allerdings verabscheuungswürdiges, unehrenhaftes und unter Umständen wohl auch gefährliches Benehmen durch die Regel: *Nulla poena sine lege* dem Arm des Strafrichters".

Derselbe, Vergleichende Darstellung des deutschen und ausländischen Strafrechts, Besonderer Teil, Band VI, S. 1 ff.

Glashoff, Zur Lehre von der Erpressung insbesondere durch Drohung mit an sich nicht strafbaren Handlungen. Göttingen 1896.

Thurow, Beiträge zur Lehre von der Erpressung, Berlin 1902.

Stämpfli, Erpressung und „chantage" nach deutschem, französischem und schweizerischem Strafrecht. Bern 1903.

I. Das Strafgesetzbuch für das Deutsche Reich vom 15. Mai 1871 kennt den Begriff der Chantage als selbständigen Verbrechens nicht; nach der Rechtsprechung und der Theorie fallen Fälle der Chantage unter den Tatbestand der Erpressung (§ 253 RStGB.).

Die Fassung dieses Tatbestandes ist folgende:

Wer, um sich oder einem Dritten einen rechtswidrigen Vermögensvorteil zu verschaffen, einen anderen durch Gewalt oder Drohung zu einer Handlung, Duldung oder Unterlassung nötigt, ist wegen Erpressung ..... zu bestrafen.

Von Interesse für unseren Gegenstand ist die Regelung der Erpressungsmittel. Als solche nennt das Gesetz Gewalt und Drohung. Neben der an sich rechtswidrigen Gewalt [1]) wird als gleichwertiges Mittel der Erpressung die Drohung ohne Rücksicht auf ihre Qualität anerkannt.

Diesen Standpunkt vertritt auch das Reichsgericht:

„Auch die Drohung mit einer erlaubten oder berechtigten Handlung kann als eine Drohung im Sinne des § 253 StGB.s aufgefaßt werden [2])."

„Der § 253 erfordert keineswegs eine Drohung mit einer an sich unberechtigten Handlung [3])."

Nicht die Qualität, sondern die Intensität der Drohung kommt in Betracht.

„Für das Wesen der Drohung ist es genügend, daß der Täter die Drohung als geeignet, auf die Willensfreiheit des anderen einzuwirken, erkannte [4])."

„Es genügt vielmehr jede Drohung, durch welche ein wirksamer Zwang ausgeübt wird, sofern der Vermögensvorteil, welcher

---

[1]) Vgl. Glaser, S. 14.

[2]) RGSt. V 171.

[3]) RStG. I 206.

[4]) RGSt. X 217.

vermittels desselben angestrebt wird, als ein rechtswidriger sich darstellt. Unter dieser Voraussetzung wird auch eine Drohung mit einer Handlung, welcher unter anderen Voraussetzungen und nach anderer Richtung eine Berechtigung zukommen würde, zum rechtswidrigen psychischen Zwange im Sinne des § 253 StGB. [1])."

Diese Ansicht findet eine Stütze in den Motiven, die sich über die Erpressungsmittel folgendermaßen äußern:

„... Der Entwurf hat bei der Erpressung jede Drohung, durch welche ein wirksamer Zwang auf den anderen ausgeübt wird, für genügend erachtet. Es reicht jeder Zwang hin, sei er durch Gewalt, sei er durch Drohungen verübt, sofern durch ihn der andere wirklich zu der Handlung usw. bestimmt worden ist, und es kann selbst die an sich berechtigte Gewalt nach dem § 248 beurteilt werden, wenn nur der Vermögensvorteil, zu dessen Erreichung die Gewalt angewendet wurde, als ein rechtswidriger sich darstellt. Denn mit diesem Momente wird die an sich berechtigte Gewalt, da sie zu einem unerlaubten Zwecke angewendet wird, selbst eine widerrechtliche. Insbesondere gilt dies von Drohungen mit Denunziationen wegen wirklich begangener strafbarer Handlungen [2])."

II. Die Rechtsprechung auf dem Gebiete der Erpressung hat zu Resultaten geführt, die höchst bedenklich erscheinen müssen.

Nach der ursprünglich vereinzelten, nunmehr konstanten Praxis der Gerichte werden Arbeiter, die zum Zwecke der Erlangung besserer Lohn- und Arbeitsbedingungen dem Arbeitgeber mit der Arbeitseinstellung, mit Streik oder Sperre drohen, zu Erpressern gestempelt [3]).

Neben der Koalitionsfreiheit erscheint die Vertragsfreiheit durch die Rechtsprechung gefährdet: als taugliche Mittel der

---

[1]) RGSt. I 206.

[2]) Stenogr. Berichte über die Verhandlungen des Reichstages des Norddeutschen Bundes, I. Legisl.-Per., Session 1870, III. Band, S. 77.

[3]) Vgl. Frank, Rechtsprechung des Reichsgerichts in ZStW. XIV, S. 392-400; Heinemann, Das Koalitionsrecht in der Rechtsprechung des Reichsgerichts in: Soziale Praxis, 1902, 11; Heine, Koalitionsrecht und Erpressung in: Archiv für soziale Gesetzgebung und Statistik, Band 17, S. 589 ff.; Oborniker, Strafrecht und Strafvollzug im Lichte der deutschen Sozialdemokratie in H. Groß' Archiv, Band 30 und 31, bes. Band 31, S. 19 ff.

Erpressung werden Drohungen erklärt, die im alltäglichen Leben und im Geschäftsverkehr angewendet werden, um bessere Vertragsmodalitäten zu erzielen [1]).

Mit Recht weisen die Motive zum norwegischen Strafgesetze auf „die exorbitanten Resultate" und „die erstaunlichen Verurteilungen" der deutschen Rechtspraxis als auf ein abschreckendes Beispiel hin [2]).

Die strafrechtliche Literatur tritt mit seltener Einmütigkeit für die einschränkende Auslegung des gesetzlichen Tatbestandes der Erpressung ein, um die bedauerlichen Resultate zu verhüten, zu denen die auf den Wortlaut und auf die Motive gestützte Rechtsprechung führt [3]). Ohne die wahre Ursache des Übels zu erkennen, welche in der Fassung der Nötigungsmittel besteht, suchen die meisten Autoren den Ausweg in der einschränkenden Interpretation des Begriffs „des rechtswidrigen Vorteils" [4]).

So wurde einerseits versucht, aus dem Tatbestandsmerkmale des rechtswidrigen Vorteils das Erfordernis der Benachteiligung eines anderen als der Kehrseite zum angestrebten Vorteil herzuleiten [5]); andererseits wurde im Anschluß an die Lehre von der *actio quod metus causa* der Versuch unternommen, die Rechtswidrigkeit des Vermögensvorteils in jenen Fällen auszuschließen, in welchen der Vorteil im Wege des Rechtes nicht zurückverlangt werden kann [6]).

---

[1]) Vgl. bes. Thurow, S. 81—90 und die dort angeführten Entscheidungen.

[2]) Udkast til Almindelig borgerlig Straffelov for Kongeriget Norge, II. Motiver. Kristiania 1896, S. 209, Anmerkung 1.

[3]) Vgl. Merkel, S. 728: „Dies Moment (scil. der Umstand, daß die angedrohte Handlung oder Unterlassung an sich nicht rechtwidrig zu sein braucht) . . . gibt dem Begriff der Erpressung eine nicht unbedenkliche Ausdehnung; ähnlich Frank, Vergleichende Darstellung, Besonderer Teil, Band VI, S. 4: „In Deutschland hat der Tatbestand der Erpressung eine solche Ausdehnung angenommen, daß die Frage der Einschränkung nicht länger ungeprüft bleiben kann."

[4]) So besonders Thurow, S. 12, nach welchem die unerträglichen Konsequenzen der Rechtsprechung durch „die rein formale Auffassung des Reichsgerichts von der Rechtswidrigkeit des Vermögensvorteiles" gezeitigt wurden.

[5]) Merkel, S. 733; Binding, Normen II, S. 560.

[6]) Waag, Gerichtssaal, Band 31, S. 241 ff.; Frank, Zeitschrift für die gesamte Strafrechtswissenschaft, Band 14, S. 392 ff.

Diese Versuche sind — abgesehen davon, daß die den Wortlaut des Gesetzes wie die Motive gegen sich haben [1]) — kaum geeignet, ihren Zweck zu erfüllen: das Gebiet der Erpressung zu begrenzen.

III. Die weite Fassung des Erpressungsparagraphen ist um so auffallender, als das preußische Strafgesetz vom Jahre 1851, welches dem später zum RStGB. gewordenen Strafgesetzbuche für den Norddeutschen Bund zur Grundlage diente, eine enge Beschränkung der Erpressungsmittel auf die Bedrohung mit der Verübung eines Verbrechens oder Vergehens enthält.

Die Motive äußern sich darüber folgendermaßen:

„Der Entwurf hat die Beschränkung des Tatbestandes der Erpressung auf die Bedrohung mit einem Verbrechen oder Vergehen, wie sie im preußischen StGB. angenommen war, beseitigt. Der Entwurf ist hiermit zu dem gemeinen Rechte, zu der Ansicht der neueren deutschen Gesetzbücher und auch der Entwürfe, welche dem preußischen Gesetzbuche vorausgegangen sind, zurückgekehrt."

Diese Feststellung der Motive, insbesondere die Berufung auf a) die gemeinrechtliche Literatur, b) die Partikulargesetzgebung und c) die preußischen Entwürfe — kann keinen Anspruch auf Richtigkeit erheben.

a) Die Entwicklung des Begriffs der Erpressung im gemeinen deutschen Strafrecht führt auf dem Umweg der CCC. auf das römische Recht zurück und schließt sich an die zwei Fragmente des Digestentitels: De concussione (XLVII, 13) an [2]).

---

[1]) Merkel, S. 728 spricht es offen aus: „Derselbe (scil. der Begriff der Erpressung) wird nur dann die Strafjustiz nicht über die richtigen Grenzen hinausführen, wenn den übrigen Merkmalen die näher darzulegende, aber nicht außer jedem Zweifel stehende, Bedeutung mit Sorgfalt gewahrt wird." — Am weitesten geht wohl Frank in seinem Kommentar (S. 411): „Wie die Drohung beschaffen sein muß, sagt das Gesetz nicht näher. Selbstverständlich aber kann jemand wegen einer Drohung nur dann bestraft werden wenn sie verboten, also rechtswidrig ist . . . Daß das Gesetz jede Drohung verbiete, kann unmöglich angenommen werden." — Franks Ausführungen darüber, was selbstverständlich ist oder was unmöglich angenommen werden kann, können höchstens Richtigkeit *de lege ferenda* beanspruchen; als Kommentar zum geltenden Gesetze setzen sie sich über dasselbe hinweg.

[2]) Vgl. Mittermaier in: Hitzigs Annalen der deutschen und ausländischen Kriminalrechtspflege, Jahrgang 1839, II. Stück, S. 205 ff.; Burchardi in: Archiv des Kriminalrechts, Neue Folge, Jahrgang 1846, II. Stück, S. 271 ff.:

Die Lehre über die Erpressungsmittel wurde im gemeinen Recht von einem Gegensatz der Theorien beherrscht, der auf Cujaz und Donell zurückzuführen ist.

Während Donell im engen Anschluß an die Digesten lehrte:

Concussio est id genus maleficii, cum metu potestatis propriae vel alienae, aut iudici futuri illicite iniecto aliquid extorquetur ab alio, id agente, ut alicuius rei praestatione se eo metu liberet [1]),

vertrat Cujaz die freiere Ansicht:

Concussio est terror injectus, pecuniae vel alterius rei extorquendae causa [2]).

Sowohl Cujaz als Donell haben zahlreiche Anhänger gefunden; der Gegensatz zwischen der engen und weiteren Fassung der Nötigungsmittel ist auch in die deutsche gemeinrechtliche Literatur des 19. Jahrhunderts übergegangen.

Die Donellsche Ansicht, welcher sich u. a. Koch, Kress, Quistorp, Grolman, Tittmann, Salchow, Martin angeschlossen haben, wurde auch von Feuerbach und mit besonderer Schärfe von Heffter vertreten.

Nach Feuerbach [3]) besteht die Concussion in der Erpressung eines Vorteils von einem Anderen durch den Vorwand oder den Mißbrauch eines Rechts.

Nach Heffter [4]) macht sich einer Concussion nach gemeinem Recht derjenige schuldig, welcher „absichtlich einen Anderen mit der Ausübung öffentlicher Machtbefugnisse oder mit einer Kriminalverfolgung bedrohet und dadurch zu dem Zugeständnisse eines rechtswidrigen Vorteiles bestimmt".

Die Cujazsche Theorie dagegen hat in Böhmer, Püttmann, später in Henke und Köstlin Vertreter gefunden.

Das Verbrechen der Concussion nach preußischem Rechte; Glaser, S. 60—87; Frank, Vergleichende Darstellung, Besonderer Teil, Band VI, S. 5 ff.

[1]) Donellus, Comment. de iure civ. lib. 15. cap. 39.

[2]) Vgl. Burchardi, zit. S. 276.

[3]) Lehrbuch des gemeinen in Deutschland geltenden peinlichen Rechts, Gießen 1801, § 464.

[4]) Lehrbuch des gemeinen deutschen Strafrechts, 6. Aufl., Braunschweig 1857, S. 290.

Am weitesten geht wohl K ö s t l i n [1]), der den Buchstaben des römischen Rechts als Fessel nicht gelten lassen will und die Notwendigkeit einer Abstraktion vertritt, über deren Maß „nur das systematische (!) und praktische Bedürfnis" entscheiden soll; als Mittel der Erpressung nennt er: Zufügung oder Bedrohung mit sofort auszuübender körperlicher Gewalt gegen Leib oder Leben, außerdem jede sonstige kompulsive Gewalt, namentlich auch schriftliche und überhaupt nicht sofort auszuführende Drohungen aller Art.

Diese Skizze beweist, daß die Fassung der Erpressungsmittel im deutschen Strafgesetze keineswegs eine Rückkehr zu dem gemeinen Rechte bedeutet; die gemeinrechtliche Literatur ist in der Behandlung dieser Frage nicht einig, ja die Vertreter der engeren Fassung der Nötigungsmittel befinden sich in überwiegender Majorität [2]).

b) Die deutschen partikulären Strafgesetzbücher weisen in der Behandlung der Zwangsmittel der Erpressung eine große Verschiedenheit auf; wir können unter ihnen drei Gruppen feststellen, die dieses Tatbestandsmerkmal im wesentlichen einheitlich regeln.

Die erste (ältere) Gruppe kennt eine Zweiteilung der Erpressung, die im engsten Zusammenhang mit der Regelung der Zwangsmittel steht. An der Spitze dieser Gruppe steht als Vorbild das Strafgesetzbuch für das Königreich Bayern vom 16. Mai 1813. Als Mittel der Erpressung kennt Art. 241

„tätliche Mißhandlungen oder Drohungen auf Leib oder Leben";

Art. 242 nennt ferner

„die Furcht künftiger Mißhandlungen, Bedrohung mit Verläumdungen, Klagen oder Denunziationen, Ablegung oder Nichtablegung eines Zeugnisses, und andere dergleichen beängstigende Zudringlichkeiten".

---

[1]) Abhandlungen aus dem Strafrechte, nach des Verfassers Tode herausgegeben von G e s s l e r , Tübingen 1858, S. 410, 411.

[2]) So auch G l a s e r , S 65: „Als die zu Anfang dieses Jahrhunderts herrschende Meinung muß es also angesehen werden, daß nur minae iuris, also Mißbrauch eigener Amtsgewalt oder Drohung mit unerlaubter Herbeiführung gerichtlicher Verfolgung, mit dem Mißbrauch eines Rechtes Concussion begründe."

Der amtliche Kommentar[1]) bemerkt hierzu folgendes:

„Nur tätliche Mißhandlungen oder Drohungen auf Leib und Leben, also ein starker Angriff auf die Person bezeichnen die eigentliche Erpressung. Weil aber auch Furcht vor Mißhandlungen, ohne daß eine Drohung auf Leib oder Leben vorherging, welche den ersten Grad der Erpressung ausmacht, desgleichen andere Drohungen auf viele Menschen einen tiefen Eindruck machen und Schaden am Eigentum verursachen können, so waren über diese Erpressung im weiten Sinne besondere Bestimmungen notwendig."

Im engsten Anschluß an das bayerische Strafgesetz regelt die Zwangsmittel der Erpressung das Strafgesetzbuch für die herzoglichen Holstein-Oldenburgischen Lande vom 10. September 1814 (Art. 246 und 247), das Kriminalgesetzbuch für das Königreich Sachsen vom 30. März 1838 (Art. 166, 1: „körperliche Gewalt oder Bedrohung mit gegenwärtiger Gefahr für Leib oder Leben", Art. 166, 2: „Bedrohung mit Klagen, Denunziationen, künftigen Mißhandlungen oder anderen Nachteilen"), das Strafgesetzbuch für das Königreich Württemberg vom 1. März 1839 (Art. 314), das Kriminalgesetzbuch für das Königreich Hannover vom 8. August 1840 (Art. 334, 335), das Strafgesetzbuch für das Großherzogtum Hessen vom 18. Oktober 1841 (Art. 349—353), das thüringische Strafgesetzbuch vom 26. April 1850 (Art. 155 bis 157) und das Strafgesetzbuch für das Königreich Bayern vom 10. Juli 1861 (Art. 303). Zu dieser Gruppe gehört auch das badische Strafgesetzbuch vom 5. Februar 1851, welches als Mittel der Erpressung nennt:

1. „tätliche Gewalt, mit der Gefahr unverzüglicher Verwirklichung verbundene Drohungen mit Tötung oder schweren körperlichen Mißhandlungen, oder andere zur Erregung gegründeter Besorgnis für Leib oder Leben geeignete Handlungen" (§ 417),

2. „Bedrohung mit gerichtlichen Anzeigen oder Anklagen, oder mit der Aussage von strafbaren oder unsittlichen Handlungen, die denselben in der öffentlichen Meinung herabzusetzen geeignet sind" (§ 419),

---

[1]) Anmerkungen zum Strafgesetzbuch für das Königreich Bayern, nach den Protokollen des königlichen geheimen Rats. München 1813, 2. Band, S. 174.

3. an Stelle „anderer beängstigenden Zudringlichkeiten“ des bayerischen Strafgesetzbuches und „der Bedrohung mit anderen Nachteilen“ des sächsischen Kriminalgesetzbuches:

„die Bedrohung mit anderen künftigen Mißhandlungen oder Beschädigungen auf eine, die Besorgnis bevorstehender Verwirklichung begründende Weise“.

Die zweite Gruppe engt den Tatbestand der Erpressung ein, indem sie nur diejenigen Nötigungsmittel nennt, welche das bayerische Gesetz als Mittel der „eigentlichen“ Erpressung kennt, die Zwangsmittel der „uneigentlichen“ Erpressung dagegen nicht unter dem Gesichtspunkte der Erpressung unter Strafe stellt.

Zu dieser Gruppe gehört das Kriminalgesetzbuch für das Herzogtum Braunschweig vom 10. Juli 1840 und das hamburgische Kriminalgesetzbuch vom 30. April 1869.

Das braunschweigische Gesetz faßt den Tatbestand der Erpressung im § 177 folgendermaßen:

„Wer Gewalt an einer Person verübt oder sie gefährlich bedrohet, nicht um zu stehlen [1]), sondern um sich oder Anderen einen rechtswidrigen Vorteil zu verschaffen, ist .... zu bestrafen.“

Unter „gefährlichen Drohungen“ versteht das Gesetz „solche, die mit gegenwärtiger Gefahr für Leib oder Leben verbunden sind.“ (§ 79.)

Neben der Erpressung stellt das Gesetz unter der Bezeichnung „Drohungen“ folgenden Tatbestand auf:

„Wer nicht gefährliche Drohungen anwendet, um sich oder Anderen einen rechtswidrigen Vorteil zu verschaffen, oder um Jemanden zu einer Handlung, Duldung oder Unterlassung zu nötigen, oder Andere mit der Verübung von Verbrechen bedrohet, soll ...“ (§ 179).

In ähnlicher Weise regelt das hamburgische Gesetz den Tatbestand der Erpressung (Art. 151) und „der Drohungen“ (Art. 153).

Die dritte (neuere) Gruppe kennt nur rechtswidrige Mittel der Erpressung. Vorbildlich für diese Gruppe war das preußische Strafgesetzbuch vom 14. April 1851, dessen § 234 lautet:

„Wer, um sich oder einem Dritten einen rechtswidrigen Vorteil zu verschaffen, einen Anderen zu einer Handlung oder Unter-

[1]) Gegensatz zum Raub (§ 175).

lassung dadurch zwingt oder zu zwingen versucht, daß er denselben schriftlich oder mündlich mit der Verübung eines Verbrechens oder Vergehens bedroht, macht sich der Erpressung schuldig."

Ähnlich bestimmt das Strafgesetzbuch für das Großherzogtum Oldenburg vom 3. Juli 1858 im Art. 218:

„Wer, um sich oder Dritten einen rechtswidrigen Vorteil zu verschaffen, einen Anderen zu einer Handlung oder Unterlassung durch Gewalt oder dadurch zwingt oder zu zwingen versucht, daß er denselben mit der Verübung eines Verbrechens oder Vergehens bedroht, macht sich der Erpressung schuldig."

An diese Gesetze schließt sich das Strafgesetzbuch für die freie und Hansestadt Lübeck vom 24. August 1863 an, welches im § 198 bestimmt:

„Wer, um sich oder einem Dritten einen rechtswidrigen Vorteil zu verschaffen, einen Anderen zu einer Handlung oder Unterlassung dadurch zwingt, daß er denselben schriftlich oder mündlich mit der Verübung einer strafbaren Handlung bedroht, macht sich der Erpressung schuldig."

Eine Sonderstellung unter den Strafgesetzen nimmt das revidierte Strafgesetzbuch für das Königreich Sachsen vom 1. Oktober 1868 ein, welches den Tatbestand der Erpressung am weitesten faßt; Art. 282 definiert die Erpressung folgendermaßen:

„Wer in der Absicht, sich oder einem Anderen einen Vermögensvorteil, auf den er kein Recht hat, zu verschaffen, Jemanden durch Bedrohung mit Nachteilen irgendeiner Art zu einer Handlung, Duldung oder Unterlassung nötigt, macht sich der Erpressung schuldig."

Von diesem letzteren Gesetze abgesehen, regeln somit die partikulären Strafgesetze die Mittel der Erpressung in zweierlei Art: die einen (die zweite und dritte Gruppe) kennen als Mittel der Erpressung nur Drohungen mit an sich rechtswidrigen Handlungen, die anderen (die ältere Gruppe) kennen neben an sich rechtswidrigen Mitteln auch Drohungen mit an sich nicht rechtswidrigen Übeln.

Im Vergleich zu diesen Gesetzen nimmt das deutsche Strafgesetz in bezug auf die Regelung der Zwangsmittel — gleich dem sächsischen Gesetz vom Jahre 1868 — eine isolierte Stellung ein;

insbesondere ist die Behauptung der Motive, der Entwurf sei zu der Ansicht der neueren deutschen Gesetzbücher zurückgekehrt, unrichtig.

c) Auch die Berufung der Motive zum Strafgesetz vom Jahre 1871 auf die dem preußischen Gesetze vorausgegangenen Entwürfe ist nicht berechtigt.

Die ersten Entwürfe schlossen sich im wesentlichen dem Vorbilde des bayerischen Strafgesetzbuchs vom Jahre 1813 an und unterschieden nach dem Inhalte der Drohung die „eigentliche" Erpressung und die Erpressung im weiteren Sinne des Wortes [1]).

Die Aufzählung der Drohungen mit an sich zulässigen Übeln wird im Entwurf durch die allgemeine Wendung: „Drohung eines künftigen Übels" ersetzt; der Verfasser des Entwurfs ist sich der mit einer derartigen Fassung verbundenen Gefahr bewußt und erklärt in den Motiven: „In Zusammenstellung mit dem Gegensatze von gegenwärtiger Gefahr muß es die richterliche Beurteilung genügend leiten." [2])

Der Entwurf vom Jahre 1843 beschränkt die Mittel der uneigentlichen Erpressung auf Drohungen mit unbegründeten Denunziationen und Zivilklagen (§ 445); der revidierte Entwurf vom Jahre 1845 und die Entwürfe der Immediatkommission (der VII. Entwurf vom Jahre 1846 und der VIII. Entwurf vom Jahre 1846) gingen vom Standpunkte aus, daß „die Abnötigung eines rechtswidrigen Vorteils immer bestraft werden müsse, wenn auch die angedrohte Handlung an sich nicht strafbar sei" [3]) — und brachten diese Ansicht zum Ausdruck in der Bestimmung:

„Die Erpressung durch Androhung einer an sich nicht strafbaren Handlung ist . . . zu bestrafen." (§ 286 des Entwurfs vom Jahre 1847.) Der vereinigte ständische Ausschuß, welchem der Entwurf vom Jahre 1847 vorgelegt wurde, beschloß sowohl in der vorbereitenden Abteilung, wie in der Plenarversammlung den

---

[1]) Vgl. die von Schiller ausgearbeiteten Motive zu den Strafgesetzen wider das Vermögen, Band IV der Motive zu dem, von dem Revisor vorgelegten Ersten Entwurfe des Criminal-Gesetzbuches für die preußischen Staaten, Berlin 1828, S. 163—174.

[2]) l. cit. S. 169.

[3]) S. Motive zum Entwurf des Strafgesetzbuches für die preußischen Staaten und den damit verbundenen Gesetzen vom Jahre 1847. Berlin 1847, S. 76.

§ 286 zu streichen, „indem hier nicht abzusehen, wie die Bedrohung mit einer Handlung unter Strafe gestellt werde, wenn die Vornahme der Handlung selbst straflos sei“ [1]). Damit wurde auch die sechzehnte, dem Entwurf beigefügte Hauptfrage:

„Soll die Erpressung durch Androhung einer an sich nicht strafbaren Handlung unter Strafe gestellt werden?“
verneint.

Dem Vorschlag des vereinigten ständischen Ausschusses gemäß und in Übereinstimmung mit der bisherigen rheinischen Gesetzgebung [2]) wurde nur die durch Androhung verbrecherischer Handlungen verübte Erpressung im Entwurf vom Jahre 1851 für strafbar erklärt und dabei ist es auch im Strafgesetze vom Jahre 1851 geblieben.

IV. Der § 253 RStGB. ist nichts weniger als ein Produkt der Entwickelung des Begriffs der Erpressung und insbesondere bedeutet die Regelung der Zwangsmittel im § 253 einen Sprung von einem Extrem ins andere, wenn wir in Betracht ziehen, daß das zum RStGB. gewordene Strafgesetzbuch für den Norddeutschen Bund im allgemeinen engen Anschluß an das preußische Strafgesetz gesucht hat, daß der Entwurf I eines Strafgesetzbuches für den Norddeutschen Bund vom 31. Juli 1869 im § 230 wörtlich den § 234 des preußischen Gesetzes wiedergibt und erst der kurz darauf (Februar 1870) veröffentlichte Entwurf III [3]) die Fassung des § 253 SRtGB. enthält.

Der äußere Anlaß zu diesem Umschwung der Ansichten ist in den Klagen der preußischen Praktiker über die enge Fassung der Erpressungsmittel im preußischen Strafgesetze gelegen [4]).

Charakteristisch ist der im Jahre 1869 erschienene Aufsatz von Dalcke: Beiträge zur Revision des Preußischen Straf-

---

[1]) S. Bleich, Verhandlungen des im Jahre 1848 zusammenberufenen vereinigten ständischen Ausschusses, Berlin 1848, Band IV. S. 247, vgl. auch Band I, S. 315.

[2]) Vgl. Motive zum Entwurf des Strafgesetzbuchs für die preußischen Staaten, Berlin 1851, S. 64.

[3]) Der Entwurf II ist nicht veröffentlicht worden.

[4]) So auch Frank, Vergleichende Darstellung usw., Besonderer T. Band VI, S. 18.

rechts [1]). Dalcke erachtete es für geboten, daß sich gerade aus der Mitte der preußischen Praktiker Stimmen erheben, welche „ihre Erfahrungen über die Wirksamkeit unseres Strafgesetzbuches darlegen", da das preußische Strafgesetz dem Entwurf für den Norddeutschen Bund zur Grundlage dienen soll.

Die Besprechung des § 234 des preußischen Strafgesetzbuchs enthält eine scharfe Kritik der Beschränkung der Nötigungsmittel der Erpressung auf die Drohung mit Verübung eines Verbrechens oder Vergehens. „Die Praxis aber ist recht reich an Fällen, welche nun zwar nicht mehr vor das Forum des Kriminalrichters gezogen werden können, deren Straflosigkeit aber dem einfachen gesunden Menschenverstande niemals einleuchtend zu machen sein wird. Niemals wird man es begreiflich finden, daß die gewissenlose Schwindlerin, welche einen Familienvater mit einer völlig unbegründeten Paternitätsklage droht, und ihrem Opfer, das sein ganzes Familienglück und seine Stellung in der bürgerlichen Gesellschaft gefährdet sieht, in schnödester Gewinnsucht reiche Beute abpreßt, nicht strafbar sein soll, und dergleichen Fälle lassen sich nicht nur in beliebiger Zahl denken, sondern kommen leider auch häufig genug vor..... Ganz ebenso liegt ferner der Fall, in welchem jemand droht, eine begründete Denunziation anbringen zu wollen, wenn er sein Schweigen durch den Bedrohten erkaufen läßt....." [2])

Die Fälle, welche Dalcke anführt, sind Fälle der Chantage; Dalcke geht auf den wesentlichen Charakter der Fälle nicht ein, sieht in ihnen Fälle der Erpressung und fordert die Ausdehnung des Tatbestandes der Erpressung auf „die Bedrohung mit Nachteilen irgendeiner Art".

Die Ausführungen Dalckes [3]) haben die Redaktion des Entwurfs III überzeugt; einen Beweis dafür liefern die Motive, welche zur Begründung der neuen Fassung der Nötigungsmittel der Erpressung vor allem „Drohungen mit Denunziationen wegen wirklich begangener strafbarer Handlungen" anführen.

---

[1]) Goltdammers Archiv für preußisches Strafrecht, 17. Band, Berlin 1869, S. 1 ff.

[2]) Zit. S. 11, 12.

[3]) Vgl. auch Fuchs, Goltdammers Archiv, Band 17, S. 636; Hälschner, System des preußischen Strafrechts, Bonn 1868, III. Teil, S. 534.

V. Die Fassung des § 253 StGB. ist ein Ergebnis des Versuchs, zwei Verbrechen, die Erpressung und die Chantage, unter Einen Tatbestand zu bringen.

Dieser Tatbestand erreicht einerseits seinen Zweck nicht, da vielfach Fälle der Chantage, in welchen der Täter auf das dem Opfer drohende Übel hinzuweisen versteht, ohne sich einer Drohung zu bedienen, straflos ausgehen, andererseits schießt er über das Ziel hinaus, da er Handlungen mit umfaßt, die vernünftigerweise straflos bleiben müssen.

Handlungen von ethisch grundverschiedenem Werte, moralisch verwerfliche und moralisch gleichgültige Handlungen werden über denselben Kamm geschoren; der Käufer, der mit der Entziehung der Kundschaft droht, falls ihm nicht die angebotene Ware zu einem von ihm für angemessen gehaltenen Preise verkauft wird, der Mieter, der mit der Kündigung droht, falls der von ihm zu hoch befundene Mietzins nicht herabgesetzt wird, der Arbeitgeber oder Arbeiter, der durch Drohung mit Entlassung beziehungsweise Arbeitseinstellung die Gegenpartei zu Zugeständnissen hinsichtlich der Lohn- und Arbeitsbedingungen bewegen will [1]) — werden zu Erpressern gestempelt; der Chanteur, der sein Opfer gleich einem Vampyr aussaugt, kann sich durch raffinierte Ausführung der Chantage Straflosigkeit sichern.

C. Die strafrechtliche Behandlung der Chantage in Frankreich vor dem Gesetz vom 13. Mai 1863.

Literatur: Malvezy, Essai sur le crime d'extorsion de titres ou de signatures et sur le délit de chantage (Thèse), Paris 1896.

Garçon, Code pénal annoté, Paris 1901—1906, S. 1258 ff.

Vgl. auch die S. 60 angeführte Literatur.

I. Die Strafwürdigkeit der Chantage stand für die französischen Gerichte auch vor dem Jahre 1863 außer Zweifel; so oft ein Fall der Chantage vor Gericht kam, suchte man ihn unter eine der Bestimmungen des Code pénal zu bringen, um den Täter nicht straflos ausgehen zu lassen.

---

[1]) Vgl. Entwurf eines Gesetzes, betreffend Änderung des Strafgesetzbuchs. Dem Reichstage vorgelegt am 12. März 1909. Carl Heymanns Verlag in Berlin. Begründung, S. 19.

Zwei Bestimmungen waren es namentlich, die nach der Ansicht der französischen Praxis Fälle der Chantage umfaßten: Art. 379 (vol) und art. 405 (escroquerie).

Die Subsumption der Chantagefälle unter den Tatbestand des vol ist nur vereinzelt zu verzeichnen und wird von den höheren Instanzen in der Regel nicht gebilligt.

So z. B. erblickte der Gerichtshof in Valognes einen Diebstahl in der Handlung einer Gläubigerin, die ihre Schuldnerin unter Androhung der gerichtlichen Anzeige wegen versuchter Vernichtung der Schuldscheine veranlaßte, sich zur Bezahlung einer die Schuld übersteigenden Geldsumme zu verpflichten.

Der Kassationshof hob das Urteil auf: „Attendu que, d'après les faits reconnus constants par le tribunal de police correctionelle de Coutances, il n'y a pas eu dans l'espèce de soustraction frauduleuse d'une somme de 1000 fr. par la veuve Lafresnée au préjudice de la veuve Leguay: qu'en déclarant ladite veuve Lafresnée coupable du délit de vol et en la condamnant en conséquence aux peines de 3 ans d'emprisonnement et de 500 francs d'amende, ce tribunal a violé l'art. 379 du Code pénal et fait une fausse application de l'art. 401 du même Code . . ." [1])

II. Häufiger und erfolgreicher waren die Versuche, Fälle der Chantage nach Art. 405 des Code pénal zu bestrafen.

Dieser Artikel lautet:

Quiconque, soit en faisant usage de faux noms ou de fausses qualités, soit *en employant des manœuvres frauduleuses* pour persuader l'existence de fausses entreprises, d'un pouvoir ou d'un crédit imaginaire, ou *pour faire naître* l'espérance ou *la crainte* d'un succès, d'un accident *ou de tout autre événement chimérique*, se sera fait remettre ou délivrer [2]) des fonds, des meubles ou des obligations, dispositions, billets, promesses, quittances ou décharges, et aura, par un de ces moyens, escroqué ou tenté d'escroquer la totalité ou partie de la fortune d'autrui, sera puni . . .

---

[1]) Cass., 11 nov. 1819, J. des Aud. 1819, p. 629 (zit. bei *Malvezy* S. 47).

[2]) Durch die Novelle vom Jahre 1863 wurde Art. 405 an dieser Stelle durch die Worte ergänzt: „on aura tenté de se faire remettre ou délivrer".

Die Drohung mit einer Anzeige eines Verbrechens oder mit Veröffentlichung ehrenrühriger Tatsachen wurde als „manœuvres frauduleuses" aufgefaßt; die Einflößung von Furcht vor einem eingebildeten Übel (la crainte d'un accident ou de tout autre événement chimérique) wurde als Folge der Drohung unter der Voraussetzung angenommen, daß die Tatsachen, deren Veröffentlichung oder Anzeige in Aussicht gestellt wurde, unwahr waren. Diesen Standpunkt brachte der Kassationshof in mehreren Entscheidungen [1]) zum Ausdruck; die unteren Instanzen trugen jedoch in vielen Fällen Bedenken, sich dieser Interpretation anzuschließen [2]).

Dagegen ging die Chantage straflos aus, wenn der Täter mit Enthüllung wahrer Tatsachen drohte.

So erklärt der Kassationshof in einem Urteil vom 11. November 1819 [3]): „Attendu qu'il n'est pas constaté par l'arrêt attaqué que les faits imputés au prévenu, lors même qu'on pourrait les qualifier de manœuvres frauduleuses, et quel que soit d'ailleurs leur caractère d'immoralité, réunissent les conditions spécifiées; qu'il en résulte même que l'événement dont était menacée la victime lorsque le prévenu lui disait qu'il dénoncerait son fils qui serait condamné à 50 francs d'amende pour délit de pêche était loin d'être chimérique; qu'il ne faisait que lui rappeler les conséquences vraies ou probables de la dénonciation qu'il pouvait faire."

III. Die Auffassung, die der falschen Anschuldigung sich bedienende Chantage falle unter Art. 405 des Code pénal, steht im Widerspruch mit dem Wortlaut und Sinn des Gesetzes.

---

[1]) Cass., 23 nov. 1838, S. 39, 1, 813; Cass., 20 mai 1858, S. 58, 1, 486; Cass. 9 janv. 1863, S. 63, 1, 325.

[2]) Mehrere Frauen in Bordeaux erhielten im Jahre 1858 anonyme Briefe, welche unter Androhung von Enthüllungen über ihren angeblichen ehebrecherischen Verkehr die Aufforderung zur Zahlung einer Geldsumme enthielten. Der Täter wurde erwischt. Die erste Instanz erblickte in seiner Handlungsweise „d'ignoble spéculation, de machination odieuse, d'acte profondément immoral", sah sich jedoch zu einem Freispruch gezwungen, „qu'il est déplorable sans doute que par l'insuffisance de la loi, un de ces actes honteux qui jettent le trouble et la désunion et mettent en péril l'honneur des femmes, échappe à toute répression." Die zweite Instanz und der Kassationshof fanden in der Handlung den Tatbestand des art. 405 für gegeben. (Vgl. S. 58, 1, 486.)

[3]) J. des Aud., 1819, p. 629 (zit. bei Malvezy, S. 49).

Nach Art. 405 bedient sich der Täter der Täuschung (der List oder betrügerischer Machenschaften), der Chanteur dagegen der Einschüchterung; das Opfer des Betruges nimmt die ihn schädigende Handlung vor in der Meinung, seine Vermögenslage vorteilhafter zu gestalten, das Opfer der Chantage handelt in Kenntnis der Selbstschädigung; das vom Betrüger in Aussicht gestellte Übel ist ein illusorisches, während die Drohung der Chantage eine tatsächliche Gefährdung der Ehre darstellt: semper aliquid haeret.

In den späteren Entscheidungen des Kassationshofes (nach dem Jahre 1863) finden wir auch eine scharfe Abgrenzung zwischen Chantage und Betrug; so äußert sich eine Entscheidung vom 16. März 1895 [1]):

„Attendu d'une part que l'extorsion de fonds (i. e. le chantage) diffère essentiellement du vol qui consiste dans la soustraction frauduleuse de la chose d'autrui; et d'autre part qu'elle ne saurait être assimilée à l'escroquerie; qu'en effet l'escroc détermine le consentement de la victime par des procédés et manœuvres dont elle ignore le caractère frauduleux, tandis que celui qui se laisse extorquer des fonds par la menace de révélations ou imputations diffamatoires se rend compte de la fraude pratiquée à son égard et du préjudice qu'il subit . . ."

D. Die strafrechtliche Behandlung der Chantage in Belgien.

Literatur: Pandectes belges, Band 17, Bruxelles 1876, S. 1038—1107, v. Chantage Nummer 1—280.

Nypels, Le code pénal belge interprété, 3 Bände, Bruxelles 1867—1884, Band 3, S. 149—168, 208—214 (zit. Nypels).

Nypels-Servais, Le code pénal belge interprété (neue Auflage des früheren Werkes), 4 Bände, Bruxelles, 1896—1899, Band 3, S. 488—501, 538—544 (zit. Nypels-Servais).

Nypels, Législation criminelle de la Belgique, ou commentaire et complément du code pénal belge, Bruxelles, 4 Bände, 1872—1884 (zit. Nypels, Législ. crim.).

Beltjens, Code pénal interprété in: Les codes belges annotés, Bruxelles 1883, sur l'art. 470 et 483.

---

[1]) Journal La Loi des 9 et 10 octobre 1895 (zit. bei Malvezy, S. 60).

I. Unter der Herrschaft des französischen Code pénal in Belgien war die strafrechtliche Behandlung der Chantage eine ähnliche, wie in Frankreich.

So wurde mit dem Urteil des Gerichtshofes in Brüssel vom 26. Juni 1847 ein Schriftsteller, der einem Grafen C. in einem Briefe mit Enthüllungen von ehrenrührigen Tatsachen aus seinem Privatleben drohte und gleichzeitig sich erbot, für eine bestimmte Summe die Veröffentlichung der Schmähschrift zu unterlassen, nach Art. 405 des Code pénal verurteilt. „Attendu — heißt es in der Begründung des Urteils — que ces faits constituent de véritables manœuvres frauduleuses pour escroquer de l'argent, en faisant naître la crainte d'une biographie diffamatoire; qu'une crainte semblable peut, à juste titre, être comprise dans les craintes d'accident ou de tout autre événement chimérique dont parle l'art. 405 du Code pénal, qu'en effet, si l'insertion d'une diatribe dans un journal n'est pas de nature à porter une atteinte sérieuse à l'honneur de celui qui en est l'objet, il n'en est pas moins vrai qu'elle peut, selon le plus ou moins de fermeté de caractère de ce dernier, faire une vive impression sur son esprit, et contraindre ainsi à faire des sacrifices pécuniaires celui qui viendrait à exagérer la portée que peut avoir une pareille publication; attendu qu'en employant les moyens prémentionnés ci-dessus le prévenu s'est fait remettre des sommes d'argent, et a ainsi escroqué partie de la fortune d'autrui" [1]).

Der Kassationshof, dessen Entscheidung vom Angeklagten angerufen wurde, wich der rechtlichen Qualifikation der Tat aus, indem er erklärte, die Beurteilung der den Tatbestand des Betrugs bildenden Merkmale entziehe sich als Beurteilung von Tatsachen seiner Überprüfung [2]).

II. Der Code pénal belge vom 8. Juni 1867 enthält keinen besonderen Tatbestand der Chantage; es ist nun versucht worden, die Chantage unter den Begriff der extorsion (art. 470) zu subsumieren.

Dieser Artikel lautet:

---

[1]) Arrêt du 26 juin 1847, Cour de Bruxelles, Belgique judiciaire, V. 1847, p. 851.

[2]) Cass., 4 août 1847, Belgique judiciaire, V. 1847. p. 1127

Sera puni des peines portées à l'art. 468 [1]), comme s'il avait commis un vol avec violences ou menaces, celui qui aura extorqué, à l'aide de violences ou de menaces, soit des fonds, valeurs, objets mobiliers, obligations, billets, promesses, quittances, soit la signature ou la remise d'un document quelconque contenant ou opérant obligation, disposition ou décharge.

Art. 483 enthält eine Definition der Ausdrücke „violences" und „menaces":

Par violences la loi entend les actes de contrainte physique exercés sur les personnes.

Par menaces la loi entend tous les moyens de contrainte morale par la crainte d'un mal imminent.

Die Frage, ob alle Fälle der Chantage unter diese Bestimmung fallen, erschien der Theorie und ursprünglich auch der Praxis zweifelhaft; die Zweifel waren nicht nur durch den Wortlaut des Gesetzes, sondern auch durch die Vorarbeiten zum Gesetze, insbesondere zu Art. 483 begründet [2]).

---

[1]) Die im Art. 468 angedrohte Strafe ist reclusion.

[2]) Ursprünglich hatte dieser Artikel folgenden Wortlaut:

Par violences, la loi entend les attentats dirigés contre les personnes et qui consistent à frapper, blesser ou tuer.

Par menaces la loi entend la menace d'employer les violences.

Im Namen der Kammerkommission bekämpfte Pirmez diese Fassung; er verlangte für den Begriff eine dem geltenden Gesetz entsprechende Definition und schlug für den Begriff „menaces' folgenden Wortlaut vor:

Par menaces la loi entend tous les moyens de contrainte morale par la crainte d'un mal immédiat. (Nypels, Législ crim, Band III, S 542, Nr. 22)

Während der Diskussion in der Kammer wurde die Präzisierung des angedrohten Übels durch die Worte „un mal immédiat ou prochain" befürwortet (Nypels, Législ crim., Bd. III, S. 583, Nr. 17.) Dieser Antrag wurde der Kommission überwiesen, welche den Text des geltenden Art. 483 wählte und diese Redaktion folgendermaßen begründete:

„Un double écueil est à éviter. Il faut que la rédaction ne soit pas assez large pour qu'on puisse comprendre dans les vols avec menaces des infractions de menaces; celles-ci consistent à faire paraître aux yeux de celui dont on veut obtenir quelque chose un mal plus ou moins éloigné, mais que l'agent n'est pas à même de réaliser au moment où il l'annonce, contre lequel, par conséquent, il est possible de demander le secours à l'autorité. Il faut éviter, en un mot, que les violences morales qu'on veut prévoir aient une extension telle, qu'on puisse y comprendre des faits qui ne constituent pas une coercition irrésistible de la volonté.

Erst seit der Entscheidung vom 13. Mai 1878, in welcher der Kassationshof in grundsätzlicher Weise über die Strafbarkeit der Chantage sich äußert, sind die Zweifel, wenigstens für die Praxis, behoben worden.

Ein Mann, namens Erlecke, schrieb in Brüssel am 12. Oktober 1877 an den Staatssekretär des Auswärtigen Amtes in Berlin einen Brief, in welchem er mit Veröffentlichung von den Kaiser und den Staatssekretär bloßstellenden Schriftstücken für den Fall der Nichtbezahlung einer bestimmten Geldsumme drohte. Der Gerichtshof erster Instanz sprach Erlecke frei:

„Attendu que les discussions parlementaires qui ont précédé l'adoption de cet article (i. e. art. 483) ne laissent aucun doute sur la portée de cette définition; attendu que le rapporteur de la loi a insisté sur la différence essentielle qui existe entre le délit de menaces prévu par les articles 327 et suivants, et les menaces employées comme moyen d'extorsion; qu'il a été unanimement reconnu qu'il ne faut pas comprendre dans l'article 483 les lettres minatoires et les autres menaces qui se réfèrent à un temps assez éloigné pour que la contrainte n'ait pas l'intensité qui résulte de l'imminence du danger.

Attendu qu'il ressort des discussions et des rapports fait à la Chambre que les menaces, dans l'article 483, doivent s'entendre de faits qui constituent une coercition irrésistible de la volonté, qu'elles doivent être intenses et présenter un danger imminent.“ [1])

Par contre, il faut éviter aussi que cette rédaction ne soit trop étroite et qu'elle n'atteigne pas des faits dans lesquels un mal grave est près de fondre sur la victime sans qu'elle puisse s'y soustraire, et qui, par conséquent; exerce sur la volonté l'influence dominante que nous voulons assimiler aux violences physiques. La commission, Messieurs, a pensé qu'en remplaçant le mot *immédiat* par le mot *imminent*, on satisferait à toutes les exigences.“ (N y p e l s, Législ. crim., Band III, S. 588, Nr. 18.)

Insbesondere über die schriftlichen Drohungen äußerte sich P i r m e z während der Diskussion in der Kammer folgendermaßen:

„Ceux (scil. faits) qui constituent, non un vol violent, mais l'infraction de menaces, ont pour type l a l e t t r e m i n a t o i r e : ils consistent à montrer un événement, dommageable dans un avenir plus ou moins éloigné, si telle ou telle condition n'est pas remplie.“ (N y p e l s , Législ. crim., Band III, S. 583, Nr. 17.)

[1]) Pasic., 1878, II, 125.

Der Appellationsgerichtshof war anderer Ansicht:

„. . . Qu'en effet, aux termes de l'article 483 du code pénal, les menaces exigées par l'article 470 comme l'un de éléments constitutifs du crime d'extorsion, comprennent tous les moyens de contrainte morale, employés en vue d'arriver à l'extorsion, et qui ont pour objet de forcer les personnes menacées à céder par la crainte aux intentions du coupable; que les mots *crainte d'un mal imminent* que la section centrale a substitués aux mots *mal immédiat* qui se trouvaient dans le projet du gouvernement, indiquent bien la volonté du législateur de ne pas renfermer la circonstance aggravante de menace dans un sens trop restrictif, mais de l'étendre, au contraire, de nature à lui faire comprendre toutes les contraintes morales de nature à produire une impression suffisante sur l'esprit de la personne qui y est exposée et à la placer dans une situation telle que raisonnablement elle perde son libre arbitre, sa liberté d'action ou de pensée et cède à la domination exercée sur elle;

Que, dans un rapport supplémentaire à la Chambre, M. Pirmez, s'expliquant sur la portée à donner au mot *menaces*, dit: Cette rédaction doit comprendre des faits dans lesquels un mal grave est près de fondre sur la victime, dans qu'elle puisse s'y sonstraire, et qui, par conséquent, exerce sur la volonté l'influence dominante que nous voulons assimiler aux violences physiques.

Que si, dans la discussion, le même rapporteur a fait remarquer que dans les menaces il ne fallait pas comprendre les lettres minatoires, ce passage ne doit pas être pris dans un sens trop absolu; qu'il est à remarquer en effet qu'il ne s'applique qu'à des menaces par écrit d'attentats contre les personnes ou les propriétés, menaces contre lesquells il est toujours possible de recourir à la protection de l'autorité, tandis qu'il n'embrasse point la menace d'un mal moral, à l'égard duquel aucune défense n'est possible; qu'il résulte, en outre, des discussions parlementaires que le législateur a voulu laisser aux tribunaux le soin d'apprécier la nature et la gravité de la contrainte morale constitutive de l'extorsion par menaces, sans lui prescrire à cet égard de règle absolue . . ." [1])

---

[1]) Arr., 11 mars 1878, Pasic., 1878, II, 126.

Der Kassationshof teilte die Ansicht der zweiten Instanz: „Les rédacteurs du Code ont manifesté clairement l'intention de considérer comme menace formant un élément du crime d'extorsion tous les moyens de contrainte morale par la crainte d'un mal imminent; tel est le sens de l'article 483. Si, dans le cours des discussions à la Chambre, M. Pirmez a déclaré qu'il ne fallait pas comprendre dans cet article les lettres minatoires, il ne les envisageait qu' au point de vue du temps qui sépare la menace de son exécution et il n'excluait, en réalité, de la définition du dit article que les menaces se référant à un temps assez éloigné pour que la contrainte n'eût pas l'intensité qui résulte de l'imminence d'un danger. Les paroles de l'orateur ne s'appliquent donc pas au mode par lequel la menace se manifeste, mais à l'absence du caractère que doit offrir la menace pour être criminelle. Les menaces par lettres peuvent incontestablement avoir ce caractère et faire naître la crainte d'un danger imminent qui domine la volonté; il serait donc contraire à la raison de supposer que la loi ait voulu affranchir de toute peine l'auteur d'une extorsion ainsi pratiquée" [1]).

Diese Entscheidung ist von prinzipieller Bedeutung; wenn auch die belgische Literatur nicht mit Unrecht die Frage der Strafbarkeit der Chantage als zweifelhaft bezeichnet [2]), so steht es doch für die belgische Rechtsprechung fest, daß die Chantage, wie sie im Art. 400, 2 des französischen Code pénal definiert ist, unter Art. 470 (483) des belgischen Code pénal fällt.

E. Die Chantage in den Niederlanden und in Rußland vor Einführung eines selbständigen Tatbestandes dieses Verbrechens.

Literatur: Beelaerts van Blokland, Afzetterij (Chantage). Aanteekening op art. 351 Ontwerp-Strafwetboek. (Proefschrift.) Leiden 1876.

Van Swinderen, Esquisse du droit pénal actuel dans les Pays-Bas et à l'étranger. 6 Bände. Groningue, 1891—1907.

---

[1]) Arr., 13 mai 1878, Pasic. 1878, 1, 342.

[2]) Vgl. Nypels, Band III, S. 167, 168: „Les termes de notre article 470 permettent-ils d'y faire rentrer tous les faits de chantage que comprend la nouvelle disposition ajoutée à l'article 400 du code pénal français? Cela me semble tout au moins fort douteux." Anders wohl Nypels-Servais Band III, S. 496, 497.

Strafgesetzbuch, Erläuterungen zum Entwurf der Redaktionskommission, 8 Bände, St. Petersburg 1895 (russisch), Band 7, S. 520—532 (zit. Erläuterungen).

Nekludow, Handbuch des besonderen Teils des russischen Strafrechts, 4 Bände, St. Petersburg, 1876—1880 (russisch).

Vgl. auch die S. 76 und S. 85 angeführte Literatur.

I. Unter der Herrschaft des französischen Code pénal in den Niederlanden (1811—1881) wurden Fälle der Chantage entweder als *oplichting* (art. 405 C. p.) oder — was im Vergleich zur französischen und belgischen Rechtsprechung eine Besonderheit aufweist — als bedelarij met bedreiging (art. 276 C. p.) qualifiziert. Daß diese Rechtsprechung dem Wortlaut und Sinn des Gesetzes Zwang antat, wird in der Literatur einmütig hervorgehoben [1]).

II. Das russische Strafgesetz vom Jahre 1845 enthält keine besondere Bestimmung über die Chantage; trotzdem suchten die Gerichte — ungeachtet des Grundsatzes: Nullum crimen sine lege — die Chantage durch Subsumption unter die Bestimmungen zu bekämpfen. Ursprünglich wurde die Chantage, ähnlich wie in Frankreich, als Betrug qualifiziert; später wurde sie nach § 1686 als Erzwingung eines Vertragsabschlusses durch Gewalt oder Drohung bestraft [2]); die russische Literatur bekämpfte energisch, aber vergebens diese willkürliche Interpretation [3]).

---

[1]) Vgl. die bei van Blokland, S. 28—38 mitgeteilten Entscheidungen und die vom Verfasser geübte Kritik; vgl. auch van Swinderen, Band II, S. 270: „Le chantage jusqu' ici était à l'abri de peine, à moins qu'il ne pût être considéré comme mendicité avec violence, ce qui n'était toutefois possible qu'en violant les qualifications de ces infractions différentes."

[2]) Evangoulow bemerkt hierzu in: Actes du congrès pénitentiaire international de Bruxelles, août 1900, Bruxelles et Berne 1901, S. 660: „Il est inutile d'insister sur les inconvénients que présente une repression basée sur une interprétation très élargie du texte de la loi."

[3]) Vgl. Nekludow, Band II, S. 257 ff.; Erläuterungen, Band VII, S 521.

Dritter Abschnitt.

Rechte mit selbständigem Tatbestand der Chantage.

A. Die Chantage als Unterart der Erpressung.

1. Die Chantage im französischen Recht.

Literatur: Chauveau et Hélie, Théorie du code pénal, 6. Aufl., Paris, 1887 bis 1888, Band V, Nr. 2123—2134.

Garraud, Traité théorique et pratique du droit pénal français, 2. Aufl., 1898 bis 1902, Band V, Nr. 2216—2228.

Garçon, Code pénal annoté, Paris 1901—1906, S. 1258—1272.

Blanche, Études pratiques sur le code pénal, 2. Aufl., Paris 1889, 6e Étude Nr. 57—74.

Carnot, Commentaire du code pénal, 2. Aufl., Paris 1836, sur l'article 400.

Lallement, Table analytique des arrêts de la Cour de Cassation, rendus en matière criminelle. Paris 1889, Band 2, S. 55—57.

Pandectes françaises, Band 15, Paris 1893, S. 637—641, v. Chantage, Nr. 1—63.e

Malvezy, Essai sur le crime d'extorsion de titres ou de signatures et sur le délit de chantage (Thèse), Paris 1896.

Stämpfli, Erpressung und „Chantage" nach deutschem, französischem und schweizerischem Strafrecht (dazu Stooß in: Schweizerische Zeitschrift für Strafrecht, 17. Jahrgang, S 340 ff.).

Frank in: Vergleichende Darstellung des deutschen und ausländischen Strafrechts, Besonderer Teil, Band VI, S. 38—45.

Desjardins in: Revue critique de législation et de jurisprudence, 13. Jahrgang (1884), S 67 ff.

I. Durch das Gesetz vom 13. Mai 1863 wurde die Chantage [1]) in Frankreich als besonderes Delikt statuiert.

Im Anschluß an art. 400 des Code pénal, der die Erpressung behandelt, wurde folgender Tatbestand als art. 400 § 2 eingeführt:

Quiconque, à l'aide de la menace écrite ou verbale, de révélations ou d'imputations diffamatoires, aura extorqué ou tenté

---

[1]) Der Ursprung des Wortes „chantage" ist ungeachtet der Bemühungen der französischen Etymologie nicht ganz aufgeklärt: nach der einen Ansicht bedeutet „chantage" ein Fangnetz, dessen man sich bei der Vogelstellerei (l'oisellerie) bedient (Malvezy, S. 6), nach der anderen eine Art des Fischfanges, auch chantage genannt, welche darin besteht, daß die Fische mit großem Lärm aufgescheucht und in die Netze getrieben werden (Pandectes belges, v Chantage, Nummer 8, 9).

Andere Erklärungsversuche forschen nicht der Bedeutung des Hauptwortes chantage nach, sondern gehen vom Zeitwort chanter aus und weisen auf die Bedeutung der Worte „faire chanter" hin. Die einen (Littré, Dictionnaire, Klöpper, Französisches Reallexikon, I, S. 794) führen den Ausdruck auf eine altfranzösische Sitte zurück, nach welcher der Hausherr seine Gäste beim Mahle

d'extorquer, soit la remise de fonds ou valeurs, soit la signature ou remise des écrits énumérés ci-dessus, (i. e. d'un écrit, d'un acte, d'un titre, d'une pièce quelconque contenant ou opérant obligation, disposition, ou décharge) sera puni d'un emprisonnement d'un an à cinq ans et d'une amende de cinquante francs à trois mille francs.

Die Chantage bildet eine Art der Erpressung; seit dem Jahre 1863 enthält der Code pénal eine Zweiteilung der Erpressung: crime d'extorsion und délit d'extorsion (chantage).

II. Die extorsion nimmt im System des französischen Strafgesetzbuches eine eigenartige Stellung ein: sie ist im Abschnitt: *vols* enthalten, der eine Unterabteilung des Kapitels: *Crimes et délits contre les propriétés* bildet. Der systematische Aufbau der Sektion *vols*, die mit einer Begriffsbestimmung des Diebstahls (art. 379) beginnt, sodann die qualifizierten Arten desselben aufzählt und mit den Worten des art. 401: „Les autres vols non spécifiés dans la présente section. . . .“ abschließt, läßt den Schluß zu, daß die beiden Arten der Erpressung im französischen Gesetze Unterarten des Diebstahls bilden.

In der Tat wurde diese Ansicht in den älteren Entscheidungen des Kassationshofes vertreten und führte zu folgenden Konsequenzen:

a) Die extorsion ist ein qualifizierter Diebstahl; sie unterscheidet sich von *vol* nur durch das Begehungsmittel (force, violence, contrainte), dessen Anwendung kein wesentliches Tatbestandsmerkmal, sondern einen erschwerenden Umstand bildet. Bei der Beurteilung der Frage, ob extorsion vorliegt, hat der

auf alle mögliche Weise dazu brachte, ein Lied zu singen. „Cette coutume était telle, qu'on n'admettait pas d'excuses“. Eine andere Erklärung finden wir in den Pandectes belges; sie führen die Worte „faire chanter“ auf die Inquisition zurück: „Il paraît certain qu'autrefois les bourreaux faisaient „chanter“ leurs victimes. Telle était du moins la façon de qualifier les aveux ou les déclarations arrachées aux patients dans les douleurs de la torture. Peut-être est-on parti de là, surtout dans le monde où fleurit l'argot, pour assimiler à l'accusé mis à la question et forcé de confesser des crimes réels ou imaginaires, la personne qui devient la proie de quelque habile coquin et qui, exposée à une véritable torture morale, se voit contrainte, elle aussi, de céder à la volonté de son bourreau.“ (Pand. belges, Chantage, Nummer 5.)

Der Ausdruck „chantage“ stammt aus dem Verbrecherjargon; er hat in das Gesetz keine Aufnahme gefunden, dagegen hat er sich in der Literatur und in der Rechtsprechung eingebürgert.

Richter (die Geschworenen) zunächst festzustellen, ob 1. die der extorsion zugrunde liegende Handlung (le fait principal d'extorsion) begangen worden ist, und in zweiter Linie zu untersuchen, ob 2. der Täter sich der gesetzlich bezeichneten Mittel bedient hat.

Wird die erste Frage bejaht, die zweite verneint, so ist der Täter nach art. 401 wegen einfachen Diebstahls zu bestrafen [1]).

b) Ebenso griff der Kassationshof auf den Diebstahl (art. 401) zurück, um den Versuch der extorsion, dem die Merkmale des art. 400 fehlten, zu bestrafen [2]).

Diesen Standpunkt vertreten in der Literatur Carnot und Chauveau et Hélie [3]).

Mit dem Urteil vom 15. Mai 1847 hat der Kassationshof diesen Standpunkt verlassen und den Satz aufgestellt, die extorsion bilde ein besonderes, vom Diebstahl verschiedenes Delikt:

„Attendu que le fait d'extorsion prévu et puni par l'art. 400 C. p. n'est pas un fait de vol, avec la circonstance aggravante de force, violence ou contrainte, mais constitue un crime distinct et séparé dont le caractère de criminalité se complète par la violence, force ou contrainte et qu'il cesserait d'exister avec sa dénomination et ses conséquences pénales, si les circonstances de force, violence ou contrainte venaient à manquer....“ [4])

An dieser Auffassung hat nun der Kassationshof festgehalten [5]); in der Literatur wird sie u. a. von Blanche [6]), Garçon [7]) und Malvezy [8]) vertreten.

Diese Verschiedenheit der Ansichten über das Verhältnis zwischen *extorsion* und *vol* findet natürlicherweise auch in der

---

[1]) Cass., 30 avr. 1830, S. 30, 1, 378: „Attendu que le législateur a rangé l'extorsion prévue et punie par l'art. 400 C. p. dans la classe des vols; qu'il suit nécessairement de là que si l'extorsion se trouve dépouillée des trois circonstances de force, violence et contrainte qui en font un crime et la rendent passible de la peine des travaux forcés à temps, elle rentre dans la classe des vols simples prévus et punis par l'art. 401 du même Code . . . Et que dès lors est nul l'arrêt qui, en présence d'une telle déclaration, décide qu'aucune peine ne doit être prononcée . .“

[2]) S. Malvezy, S. 31, 32.

[3]) Band V, Nr. 2123.

[4]) Cass., 15 mai 1847, S. 47, 1, 637.

[5]) Cass, 19 août 1852, D. 52, 5, 263.

[6]) Nr. 67.

[7]) Nr. 32 ff.

[8]) S. 28 ff.

Beurteilung des juristischen Charakters der Chantage ihren Ausdruck. Während Garraud[1]) erklärt: „Le chantage est une espèce de vol qui n'en diffère que par le moyen détourné et tout moderne que l'agent a voulu employer", bekämpft Garçon[2]) aufs entschiedenste diese Auffassung: „Le chantage n'est pas un vol."

Die Frage, ob die Chantage eine Unterart des Diebstahls bildet, ist auch entscheidend dafür, ob die Folgen einer Verurteilung wegen vol auch bei einer Verurteilung wegen Chantage eintreten.

Der Kassationshof ist seinem neuen Standpunkte treu geblieben und hat entschieden, daß die Begehung einer Chantage nach vorausgegangener Verurteilung wegen *vol* oder umgekehrt keinen Rückfall begründe[3]) und daß die Verurteilung wegen Chantage nicht mit Verlust der Wahlberechtigung verbunden ist[4]).

III. Der Kassationshof hat den Tatbestand der Chantage analysiert und gefunden, daß den Begriff der Chantage folgende drei Merkmale bilden:

1° la menace écrite ou verbale de révélations ou imputations diffamatoires, 2° le but de cupidité illégitime, 3° la mauvaise foi[5]).

Diese Analyse ist unvollständig und unrichtig: einerseits läßt sie den Zusammenhang zwischen der Drohung des Täters und der durch sie hervorgerufenen Handlung des Opfers außer acht, andererseits findet die Betonung der gewinnsüchtigen Absicht des Täters keine Stütze im Gesetz und beruht auf einer Verwechslung zwischen Motiv und Vorsatz; schließlich hält sie den Begriff der vollendeten und versuchten Chantage nicht auseinander.

Der folgenden Darstellung des Tatbestandes der Chantage konnte deshalb diese Analyse — im Gegensatz zu den französischen Lehrbüchern[6]) — nicht zugrunde gelegt werden.

---

[1]) Nr. 2224.

[2]) Nr. 90.

[3]) Paris, 6 avr. 1891, S. 91, 2, 152.

[4]) Cass. civ., 2 janv. 1900, S. 1900, 1, 143.

[5]) Vgl. Cass., 4 janv. 1877, S. 77, 1, 95; 21 juin et 17 juill. 1884, S. 85, 1, 519; 20 mars 1885, S. 85, 1, 185 u. v. a.

[6]) S. besonders Garraud, Nr. 2225—2227.

IV. Mittel der Chantage ist Drohung mit einem gesetzlich bestimmten Verhalten.

Das Gesetz nennt zwei Arten der Drohung: die schriftliche und mündliche, ohne — wie es an anderer Stelle (art. 305—308) geschieht — zwischen ihnen einen Unterschied bezüglich der Strafbarkeit zu machen.

Die französische Rechtsprechung verlangt, daß die Drohung bestimmt, klar und unzweideutig zum Ausdruck kommt [1]). Es ist nicht erforderlich, daß die Drohung unmittelbar an das Opfer gerichtet sei, sondern es genügt, wenn sie in solcher Art und Weise vorgebracht worden ist, daß sie zur Kenntnis des Opfers hätte gelangen können; ist z. B. die Drohung in einer Druckschrift ausgesprochen worden, so ist es nicht notwendig, daß der bedrohten Person ein Exemplar zugestellt wird [2]).

Die Drohung braucht ferner nicht eine ausdrückliche und für jedermann erkennbare zu sein; es genügt, wenn sie die Form einer Anspielung annimmt, die mit Berücksichtigung der konkreten Umstände ihren wahren Charakter erkennen läßt [3]).

Die Feststellung, ob *in concreto* Drohung vorliegt, liegt dem Richter ob und entzieht sich der Überprüfung der höheren Instanz; der Richter kann auch aus den auf die Drohung folgenden Umständen auf ihren wahren Charakter schließen [4]).

V. Inhalt der Drohung bilden

a) *révélations* oder b) *imputations diffamatoires.*

Révélations ist gleichbedeutend mit „Enthüllungen" und bezieht sich in der Regel auf wahre Tatsachen, *imputation*, Beschuldigung, bezieht sich in der Regel auf falsche Tatsachen.

---

[1]) Cass., 26 avr. 1872, D. 72, 1, 474; 10 déc. 1886, D. 87, 1, 364.

[2]) Trib. de la Seine (9e ch.), 3 août 1895. La Loi des 4—5 août 1895 (zit. bei Malvezy, S. 95).

[3]) Cass., 4 janv. 1877, S. 77, 1, 95 „. . . qu'il suffit que cette menace y fasse allusion, sauf au juge du fait à chercher le sens et la portée de la menace et à préciser le fait, objet de l'imputation diffamatoire, auquel ladite menace se réfère . . ."; Cass., 10 déc. 1886, S. 88, 1, 399: „Attendu que la menace verbale ou écrite dont parle, l'art. 400, § 2, C. p. n'a besoin d'être ni directe, ni expressément proférée; que, pour être indirecte ou dissimilé sous des artifices de langage, elle n'en existe pas moins . . ."

[4]) Cass., 4 janv. 1877, D., 77, 1, 416; 26 avr. 1872, D., 72, 1, 474.

Diese Gegenüberstellung von *révélations* und *imputations* ist vom Gesetze absichtlich hervorgehoben worden, um — wie aus den Motiven hervorgeht — zwei Arten der Chantage unter Strafe zu stellen [1]).

Sowohl die Enthüllungen als die Beschuldigungen müssen diffamatoires sein; bezüglich dieses Merkmales verweist die französische Rechtsprechung [2]) auf die Definition des art. 13 des Gesetzes vom 17. Mai 1819 (La loi sur la répression des crimes et délits commis par la voie de la presse ou par tout autre moyen de publication), die im art. 29, 1 des Gesetzes vom 29. Juli 1881 (Loi sur la liberté de la presse) wiederkehrt:

Toute allégation ou imputation d'un fait qui porte atteinte à l'honneur ou à la considération de la personne ou du corps auquel le fait est imputé est une diffamation.

Die Enthüllung oder Beschuldigung enthält einen Angriff auf die Ehre oder auf den guten Ruf des Bedrohten [3]).

Die Drohung mit Zufügung eines Schadens, welcher weder die Ehre noch den guten Ruf tangiert, erfüllt den Tatbestand der Chantage nicht.

Ein Urteil, welches eine Drohung feststellt, ohne ihren Inhalt anzugeben, ist nichtig [4]); ebenso genügt nicht die allgemein gefaßte Feststellung des Urteils, der Täter habe mit ehrenrührigen Enthüllungen oder Beschuldigungen gedroht, ohne daß die konkreten Tatsachen angeführt werden, da eine derartige allgemeine Fassung die Überprüfung der höheren Instanz ausschließt [5]).

---

1) Vgl. Rapport de la commission du Corps législatif, abgedruckt bei Chauveau et Hélie, Bd. V, Nr. 2131.

2) Cass., 24 févr. 1866, D., 66, 1, 189; 4 juillet 1874, D., 75, 1, 288.

3) Vgl. hierzu die Ausführungen von Grellet-Dumazeau (Traité de la diffamation, de l'injure et de l'outrage 1847, I. Nr. 76): „L'honneur tient à la personne. Il émane d'elle et peut se passer de l'opinion; la considération est extérieure, elle arrive du dehors, et naît des mérites qu'on a, que de ceux qu'on paraît avoir. L'honneur est un sentiment qui nous donne l'estime de nous-mêmes par la conscience de l'accomplissement du devoir; la considération est un hommage rendu par ceux qui nous entourent à notre position dans le monde . . ."

4) Cass., 26 avr. 1872, S. 72, 1, 310, D. 72, 1, 474.

5) Die erste Instanz verurteilte den Angeklagten nach art. 400, § 2 und begründete das Urteil mit den Worten, der Angeklagte habe in einem Briefe mit ehrenrührigen Enthüllungen und Beschuldigungen gedroht. Der Brief hatte folgenden Inhalt: „Si vous ne me donnez pas la somme de 500 francs, aujourd'hui même,

VI. Die Frage, ob der Täter seine Drohung an dieselbe Person richten muß, von welcher er die vermögensrechtlichen Vorteile ergattern will, oder mit anderen Worten, ob der Bedrohte mit dem Beschädigten identisch sein muß, ist im Gesetze nicht entschieden; sie ist sowohl in der Literatur als in der Praxis verneint worden [1]. Insbesondere erblicken die französischen Gerichte Chantage in Fällen, in denen der Täter von den nächsten Verwandten der Person, auf welche sich die ehrenrührigen Enthüllungen oder Beschuldigungen beziehen, das Stillschweigen erkaufen läßt.

Opfer der Chantage kann auch eine juristische Person sein. Zur Begründung dieser Ansicht wird auf den bereits erwähnten art. 29 des Gesetzes vom 29. Juli 1889 hingewiesen, welcher die *diffamation* unter Strafe stellt, gleichviel ob sie eine physische Person (*personne*) oder eine juristische (*corps*) betrifft.

So hat das Seinetribunal in mehreren Fällen die Angeklagten wegen Chantage, begangen an Aktiengesellschaften und sonstigen Handelsgesellschaften (Compagnie du canal interocéanique de Panama, Caisse d'épargne des retraits, Compagnie des chemins de fer du Sud) verurteilt [2].

VII. Die Frage der Beschaffenheit der Drohung steht im Zusammenhang mit der Beschaffenheit der in art. 400, § 1 bezeichneten Mittel der *extorsion*.

Als solche nennt das Gesetz *force*, *violence*, *contrainte*. Die herrschende Meinung faßt *violence* und *force* als Mittel der physischen Gewalt auf und stellt ihnen *contrainte* als psychischen Zwang

je me charge de vous faire marcher jusqu'au bout. A cette condition je m'engage à ne plus vous inquiéter à l'avenir et de me faire arrêter à la prémière récidive. Je suis dans la misère, j'ai besoin d'argent pour secourir mes enfants. Un bon averti en vaut deux. Recevez mes salutations." Der Kassationshof hat erkannt, das Urteil sei ungenügend begründet, da es nicht klarlegt, inwiefern die Drohung „de faire marcher le destinateur jusqu'au bout" — ehrenrührige Enthüllungen oder Beschuldigungen enthalte. Cass., 7 déc. 1901, Bulletin des arrêts de la Cour de cassation, année 1901, nr. 308 (zit. bei Garçon, No. 133).

[1]) Cass., 6 janv. 1854, D. 54, 1, 365; 25 avr. 1896, S. 96, 1, 535. Garçon, Nr. 56, 107; Malvezy, S. 96.

[2]) Trib. corr. de la Seine, 3 août 1894, Gaz. des Trib. 4 août; Trib. corr. de la Seine, 27 avril 1893, Gaz. des Trib. 28 avril; Trib. corr. de la Seine, 27 mai 1895 (zit. bei Malvezy S. 97, 98).

gegenüber, wobei dieser Ausdruck im Sinne des art. 1112 [1]) des Code civil verstanden wird; *contrainte* bezeichnet somit einen psychischen Zwang, der geeignet ist, auf eine vernünftige Person Eindruck zu machen, und ihr die Furcht einflößen kann, ihre Person oder ihr Vermögen einem beträchtlichen und gegenwärtigen Übel auszusetzen. Das Gesetz zählt *contrainte* unter den Mitteln der *extorsion* auf; tatsächlich bezeichnet dieser Ausdruck den Erfolg (das Gezwungensein) und nicht ein Mittel [2]).

Als Mittel der contrainte kommen in erster Reihe Drohungen in Betracht.

Es fragt sich nun, in welchem Verhältnisse *contrainte* als Mittel der extorsion nach art. 400, § 1 zu menace als Mittel der Chantage nach art. 400, § 2 steht [3])?

Nach Garçon [4]) ist der Unterschied zwischen diesen Verbrechensmitteln folgender:

Der Zwang im Sinne des art. 400, § 1 ist gegen die Person des Opfers *(contrainte morale exercée sur la personne de la victime)*, der Zwang im Sinne des art. 400, § 2 dagegen gegen dessen Willen (contrainte morale exercée sur la volonté d'une personne) gerichtet; im ersten Falle bedient sich der Täter der Drohung mit Anwendung von physischer Gewalt (einer an sich rechtswidrigen Drohung), im zweiten dagegen der Drohung mit ehrenrührigen Enthüllungen oder Beschuldigungen (einer an sich nicht notwendig rechtswidrigen Drohung) [5]).

---

[1]) Dieser Artikel lautet: „Il y a violence, lorsqu'elle est de nature à faire impression sur une personne raisonnable, et qu'elle peut lui inspirer la crainte d'exposer sa personne ou sa fortune à un mal considérable et présent.

On a égard, en cette matière, à l'âge, au sexe et à la condition des personnes."

[2]) S. Stämpfli, S. 27.

[3]) Nach Stämpfli (S. 51), dem sich auch Stooß (Zeitschrift für schweiz. Strafrecht, 17. Jahrgang, S. 343) anschließt, „umfaßte Art. 400, § 1, bevor die neue Bestimmung in Kraft trat, auch diejenigen Drohungen, die jetzt nach art. 400, § 2, nur als Mittel der Erpressung als Vergehen (chantage) anzusehen sind."

[4]) Nr. 24, vgl. auch Frank, S. 43.

[5]) In diesem Sinne sind auch die Worte der Motive zum Gesetz vom 13. Mai 1863 aufzufassen: „A propos des extorsions par violence ou contrainte qui sont réglées par l'article 400, nous avons cru devoir nous occuper d'un genre d'extorsion qui ne se commet pas par une violence physique, mais qui s'accomplit au moins à l'aide d'une contrainte morale."

Die Intensität der Drohung als Mittels der extorsion wird nach art. 1112 des Code civil bestimmt, wobei nach der dargestellten Auffassung nur die Furcht vor einem erheblichen und gegenwärtigen Übel für die Person in Betracht kommt; für die Drohung als Mittel der Chantage wird dieses Erfordernis nicht aufgestellt, da es mit Rücksicht auf das individuell stärker oder schwächer ausgeprägte Ehrgefühl kaum möglich wäre, einen derartigen Maßstab für die Intensität der Drohung mit ehrenrührigen Beschuldigungen zu finden.

Immerhin ergibt sich daraus, daß die Drohung in art. 400, § 2 als Mittel der Zwangsausübung nach einer bestimmten Richtung unter Strafe gestellt wird, das Erfordernis, die Drohung müsse geeignet sein, den Bedrohten zu einem materiellen Opfer zu bestimmen; einer aus der Luft gegriffenen Behauptung würde unter Umständen der Charakter einer Drohung im Sinne des art. 400, § 2 abgesprochen werden müssen [1]).

VIII. Gegenstand der Chantage ist die Unterschrift oder Herausgabe von Schriftstücken oder von Urkunden, welche eine Verbindlichkeit, Verfügung oder Befreiung enthalten oder bewirken, oder die Herausgabe von Geld oder Wertsachen.

Die kasuistische Aufzählung der Gegenstände der Chantage, welche aus der Bestimmung über die Erpressung (art. 400, § 1) herrührt, hängt mit der geschichtlichen Entwicklung des Begriffs der Erpressung im französischen Recht zusammen.

Ursprünglich wurden Fälle der Erpressung als vol bestraft, und die erzwungene Herausgabe einer Urkunde oder einer anderen Sache ging im weiten Begriff der „*soustraction*" auf [2]).

Der Code pénal vom Jahre 1791 enthält in art. 40, sect. 2, tit. 2, part. 2 eine Bestimmung, die im engen Anschluß an den Diebstahl denjenigen als Dieb *(comme voleur)* straft, der die Unterschrift eines eine Verbindlichkeit oder eine Befreiung von derselben enthaltenden Schriftstückes erzwingt.

---

[1]) Agen. 10 mars 1894, D., 94, 2, 535.

[2]) Vgl. Jousse, Traité de la justice criminelle de France, 1771; s. auch die Gegenüberstellung der deutschen und französischen Begriffsbestimmung des Diebstahls bei Stooß, Die Grundzüge des schweizerischen Strafrechts, Basel und Genf, II. Band, 1893, S. 64 ff.

Der geltende Code pénal erweitert diese Bestimmung in art. 400, § 1 auch auf die erzwungene Herausgabe einer derartigen Urkunde, wobei die Worte „comme voleur" nicht mehr vorkommen.

Diese Entwicklung beweist, daß die noch heute im französischen Recht nicht endgültig vollzogene Trennung von Diebstahl und Erpressung nur allmählich vor sich ging; der Gesetzgeber hat sich über das Wesen der erpresserischen Handlung nur in einzelnen Fällen Klarheit zu verschaffen vermocht und ist nicht imstande gewesen, aus der Kasuistik eine allgemeine Bestimmung zu abstrahieren [1]).

Bei der kasuistischen Aufzählung der Gegenstände der Chantage wurde der Gesetzgeber vom Gedanken geleitet, möglichst genau zu sein, wie sich aus der Anhäufung von meist synonymen Ausdrücken ergibt.

Die Worte *écrit, acte, titre, pièce* weisen keinen wesentlichen Begriffsunterschied auf und haben auch nicht den Vorzug, technische Ausdrücke zu sein. Der Zusammenhang zwischen diesen Ausdrücken und den in den Bestimmungen des Code civil über den Beweis durch Urkunden (art. 1317—1340) vorkommenden Bezeichnungen ist nicht zu verkennen, aber auch hier werden die genannten Ausdrücke promiscue gebraucht [2]).

Das Wort *écrit* hat den weitesten Sinn und umfaßt alle übrigen Bezeichnungen; es entspricht dem deutschen Ausdruck: Urkunde. Die Urkunde wird im Gesetze dadurch charakterisiert, daß sie entweder einen Eintritt in ein obligatorisches Verhältnis für das Opfer der Chantage oder eine Befreiung von einer Verbindlichkeit für den Täter bewirkt. Die Worte *obligation* und *décharge* bieten für die Interpretation keine Schwierigkeiten; anders verhält es sich mit dem Ausdruck *disposition*, welcher vom Gesetzgeber vom Jahre 1810 den genannten, im Gesetze vom Jahre 1791 bereits vorkommenden Worten hinzugefügt worden ist. Die herrschende Meinung findet den Ausdruck in dieser Zusammenstellung überflüssig, da dessen Inhalt im

---

[1]) S. Malvezy, S. 18 ff.; Stämpfli, S. 31 ff.; Frank, S. 38 ff.

[2]) Vgl. z. B. die Ausdrücke *titre* und *acte* in art. 1317 Code civil und dessen Überschrift.

Begriff der Worte *obligation* und *décharge* bereits enthalten ist, nur Chauveau und Hélie verstehen unter *disposition* Verfügungen, welche vermögensrechtlicher Natur sind, ohne eine Verpflichtung oder Befreiung zu enthalten, und führen beispielsweise das Testament oder dessen Widerruf an [1]).

Das Gesetz erfordert die Unterschrift oder Herausgabe einer Urkunde vermögensrechtlichen Inhalts, einer Beweis- oder einer dispositiven Urkunde; Wertpapiere dagegen fallen unter den Begriff *valeur*.

Im Anschluß an die rechtliche Beschaffenheit der Urkunde werden in der Literatur wie in der Rechtsprechung folgende Fragen erörtert:

a) Genügt die Erlangung einer Blankounterschrift des Opfers?

b) Erfüllt den Tatbestand des art. 400 die Erzwingung der Herausgabe oder Unterschrift einer infolge eines inneren oder formellen Fehlers zivilrechtlich ungültigen Urkunde?

ad a) Der Kassationshof hat entschieden, daß die Erzwingung einer Blankounterschrift durch art. 400 in der Regel nicht getroffen wird: „. . . le papier resté à l'état de blanc seing n'ayant pas de valeur légale par lui même; une signature en blanc ne contenant et n'opérant ni obligation, ni disposition, ni décharge." [2]) Ist aber der Nachweis erbracht, daß der Täter eine Blankounterschrift erzwungen hat, um das Schriftstück mit einem Text auszufüllen, der eine Verpflichtung, Verfügung oder Befreiung enthält oder bewirkt, so liegt Versuch der *extorsion* (beziehungsweise der Chantage) vor [3]).

ad b) Die Frage, ob die Erzwingung einer ungültigen Urkunde unter die Bestimmung des art. 400 fällt, hängt mit der Frage der Strafbarkeit des untauglichen Versuchs zusammen. Nach

[1]) Vereinzelt steht die Ansicht von Carnot (Commentaire du Code pénal. Band 2, S. 346), der Ausdruck *disposition* bezeichne eine Verfügung, die nicht das Vermögen, sondern die Ehre des Opfers betreffe; gegen diese Ansicht spricht sowohl der gesetzliche Text, welcher kaum daran zweifeln läßt, daß es sich hier um ausschließlich vermögensrechtliche Akte handle, wie die Tatsache, daß das Gesetz die Worte: *obligation*, *disposition ou décharge* auch in art. 147, § 3 (crime du faux) wie an anderen Stellen (art. 405, 408) gebraucht, um Urkunden vermögensrechtlichen Inhalts zu bezeichnen.

[2]) Cass., 19 juin 1845, S. 45, 1, 614.

[3]) Cass., 27 mars 1856, S. 56, 1, 630.

Garçon[1]) ist der Glaube des Täters an die Gültigkeit, beziehungsweise Ungültigkeit der Urkunde entscheidend; Chauveau und Hélie[2]) meinen, der Tatbestand des art. 400 sei nicht erfüllt, wenn die Urkunde an sich ungültig ist; beruht aber diese Ungültigkeit auf einer vom Täter nicht vorausgesehenen und von dessen Willen unabhängigen Tatsache, so liege strafbarer Versuch vor.

Der Kassationshof hat in einer Entscheidung vom Jahre 1812 erklärt: „... que les formes irrégulières que peuvent avoir les billets qui sont l'objet de l'extorsion ne changent rien au caractère du crime, puisque l'intention des accusés ayant été d'en tirer un bénéfice illégitime, les nullités de forme de ces billets ne peuvent couvrir leur culpabilité ..."; fügt aber vorsichtig hinzu: „que d'ailleurs lesdits billets étaient, malgré l'état imparfait de leur rédaction, susceptibles d'obligation." [3])

In den späteren Entscheidungen unterscheidet der Kassationshof zwischen absolut und relativ ungültigen Urkunden:

„Attendu que l'obligation contractée par une femme mariée sans l'autorisation de son mari est susceptible d'exécution volontaire; qu'elle peut, aux termes du droit commun, être confirmée ou ratifiée et que l'irrégularité dont elle est entachée peut être, s'il y a lieu, couverte par la prescription; qu'elle subsiste dès lors, comme toutes les obligations frappées *de nullités relatives* et d'ordre privé, aussi longtemps, qu'elle n'a pas été légalement annulée ..." [4])

Als Gegenstand der Chantage bezeichnet schließlich das Gesetz *remise de fonds ou valeurs*; *fonds* bedeutet schlechthin Geld, valeurs alles, was Geldeswert hat [5]).

IX. Der subjektive Tatbestand besteht in der Absicht des Täters, durch Drohung mit ehrenrührigen Enthüllungen oder Beschuldigungen das Opfer zu einer vermögensrechtlichen Leistung zu veranlassen [6]).

---

[1]) Nr. 17.

[2]) Nr. 2128.

[3]) Cass., 6 févr. 1812, S., 12, 1, 23.

[4]) Cass., 9 mai 1867, S., 68, 1, 43.

[5]) Garçon, Nr. 64.

[6]) Unrichtigerweise verlangt der Kassationshof als Merkmal der Chantage „le but de cupidité illégitime" (oder „en vue d'un gain illicite"); vgl. oben S. 63.

Die Wahrheit der Tatsachen, deren Bekanntmachung der Täter in Aussicht stellt, schließt den Vorsatz nicht aus; ebensowenig wie die Verleumdung (*diffamation*) wird die Chantage durch die *exceptio veritatis* straflos [1]). Der Täter handelt vorsätzlich, wenn er mit Veröffentlichung bekannter oder bereits veröffentlichter Tatsachen droht. Der Kassationshof hat z. B. entschieden, daß die Drohung mit Veröffentlichung eines öffentlich gefällten Urteils unter die Bestimmung des art. 400, § 2 falle [2]).

Ist die Absicht des Täters darauf gerichtet, den Bedrohten durch das im Gesetze verpönte Mittel in einen Zustand der Angst zu versetzen, an ihm Rache zu nehmen, ohne ihn zu einem vermögensrechtlichen Opfer zu veranlassen, so liegt Chantage nicht vor; so z. B. fällt nicht unter art. 400, § 2 die Handlung eines Wahlkandidaten, der die Angriffe eines Journalisten gegen seine Person dadurch abzuwehren sucht, daß er ihm mit Bekanntmachung ehrenrühriger Tatsachen droht [3]).

Hat der Täter ein Recht auf den erlangten oder angestrebten Vermögensvorteil, oder glaubt er, ein solches Recht zu haben, so fehlt der subjektive Tatbestand der Chantage; nur in diesem Sinne — als Bewußtsein der Rechtswidrigkeit des Vermögens-

---

[1]) Vgl. die Motive (bei Chauveau-Hélie, Nr. 2131): „La diffamation ne divulgue aussi quelquefois que des faits vrais, et cependant la loi n'hésite pas à la punir sans se préoccuper de la vérité ou de la fausseté des allégations, ni de l'intérêt plus ou moins grand que la personne diffamée peut inspirer. *Veritas convicii non excusat.*"

[2]) Cass., 22 mars, 1883, Bulletin des arrêts de la Cour de cassation, année 1883, numéro 84; vgl. zu diesem Urteil Desjardins, l. cit.

Ein derartiger Fall bot den äußeren Anlaß des Gesetzes; in der Sitzung des *Corps législatif* vom 14. April 1863 erklärte der Vertreter der Regierung u. a.: „Comment est née la nécessité de la disposition nouvelle? Elle est née de ceci surtout: Les détenus se connaissent tellement dans la détention commune que pour eux, à leur retour de prison, le retour au bien a ses difficultés doublées par le voisinage de ceux qui veulent rester dans la voie du mal. Il est souvent arrivé que ceux qui voulaient replacer leur existence modeste et ignorée dans la voie de l'honnêteté et du travail, en ont été empêchés par les menaces de révélations et par les extorsions pratiquées vis-à-vis d'eux, par ceux qui restaient incorrigibles. Voilà l'un des cas, je dirai le cas principal pour lequel la loi a été faite . . . ." (Séance du 14 avril 1863, Moniteur du 15 avril 1863.)

[3]) Garçon, Nummer 48.

vorteils — ist das vom Kassationshof aufgestellte Requisit „*la mauvaise foi*" aufzufassen [1]).

X. Die Chantage ist vollendet im Momente, in welchem das Opfer unter dem Einfluß der Drohung auf eine Urkunde vermögensrechtlichen Inhalts seine Unterschrift setzt, eine derartige Urkunde herausgibt, Geld oder Geldeswert hergibt. Ob der Täter die Urkunde erlangt hat, ob er von derselben Gebrauch gemacht hat, ist für die Vollendung des Verbrechens irrelevant; ebenso belanglos ist der Umstand, daß dem Opfer die Möglichkeit bleibt, die schriftlich eingegangene Verbindlichkeit zu annullieren oder trotz der erzwungenen Herausgabe eines Schuldscheins seinen Anspruch geltend zu machen.

Versuch liegt vor, wenn der Täter die Drohung mit ehrenrührigen Enthüllungen oder Beschuldigungen anwendet, um eine im Gesetze bezeichnete Leistung des Bedrohten zu erzwingen, den Zweck aber aus Gründen, die von seinem Willen unabhängig sind, nicht erreicht (art. 2 des Code pénal) [2]).

Wird das Opfer durch die Mittel des art. 400, § 2 zu einer Blankounterschrift veranlaßt, so wird dies als Versuch der Chantage bestraft, wenn der Täter in der Absicht handelt, der Unterschrift einen den gesetzlichen Anforderungen entsprechenden Text vorangehen zu lassen [3]), ebenso nimmt die französische Recht-

---

[1]) Vgl. Trib. d'Alençon, 26 juil. 1878 et Caen, 20 nov. 1878, S., 80, 2, 202; Cass., 2 avr. 1897, S., 98, 1, 111, D., 98, 1, 150: „Attendu que l'arrêt attaqué constate que, par la lettre du 1er juin, Grollet réclamait seulement la réparation d'un préjudice qui lui avait été ou qu'il croyait lui avoir été causé; qu'ainsi, il agissait de bonne foi . . ." — Unrichtig Malvezy, S. 66: „. . . la mauvaise foi de l'agent, c'est-à-dire le sentiment de l'illégitimité de l'acte auquel il s'est livré . . ."; s. dagegen Stämpfli, S 56, 57.

[2]) Chauveau et Hélie, Nr. 2133 und Garraud, Nr. 2224 stellen den Unterschied zwischen versuchter und vollendeter Chantage folgendermaßen fest: „Il faut distinguer la manœuvre frauduleuse qui prépare le délit et le fait matériel qui le constitue. La manœuvre, c'est la menace écrite ou verbale de révélations ou d'imputations diffamatoires; le fait matériel qui consomme le délit, c'est l'extorsion qui conduit à la remise d'une somme d'argent ou d'un titre obligatoire. On aperçoit aisément ces deux éléments quand le fait se consomme; cela est plus difficile quand il s'arrête à la tentative. Car la seule menace semble suffire pour la constituer. Il faut prendre garde cependant que cette menace ne peut être incriminée, à titre de tentative, qu'autant qu'elle a pour but l'extorsion."

[3]) S. oben S. 63.

sprechung versuchte Chantage an, wenn der Täter eine Unterschrift erzwingt, der nur die Worte „bon pour" vorausgehen [1] [2]).

XI. Die Chantage ist im französischen Recht Offizialdelikt; dies ergibt sich sowohl aus dem Gesetz, wie aus dessen Motiven [3]).

Wenn dennoch die Frage, ob die Chantage von Amts wegen zu verfolgen sei, in der französischen Literatur bestritten ist, so ist dies auf den bereits erwähnten Zusammenhang zwischen Chantage und *diffamation* zurückzuführen; da die *diffamation* nur auf Antrag *(plainte)* verfolgt wird, so lag der Gedanke nahe, auch für die Chantage den Antrag zu fordern [4]), oder wenigstens die Frage, ob die Chantage ex officio oder auf Antrag zu verfolgen sei, als quaestio facti zu bezeichnen [5]).

Für die Praxis gilt die *circulaire du Garde des sceaux* vom 30. Mai 1863, die ein weitgehendes Opportunitätsprinzip statuiert:

„Les parquets doivent se faire un devoir d'apporter dans une matière aussi délicate une réserve et des ménagements tout particuliers. Il faut éviter qu'une intervention irréfléchie vienne précipiter des révélations qu'il importerait de prévenir plus encore que de réprimer. L'intérêt privé peut avoir tout à perdre et la morale publique n'a peut-être rien à gagner à l'éclat d'un scandale prémédité. D'ailleurs, il ne faut pas exagérer la portée d'une loi dont le bienfait dépendra de la sagesse de son application. Les mots „imputations diffamatoires" dont la jurisprudence fera du reste l'interprétation, n'imposent pas au ministère public l'obligation de poursuivre sans examen, tous les cas qui pourraient rentrer dans l'art. 13 de la loi du 17 mai 1819."

2. Die Chantage im Strafgesetzbuch des Kantons Genf.

Literatur: Stooß, Die schweizerischen Strafgesetzbücher. Zur Vergleichung zusammengestellt und im Auftrage des Bundesrates herausgegeben. Basel und Genf. 1890. S. 706.

Stämpfli, Erpressung und „Chantage", S. 92—93.

---

[1]) Cass., 14 janvier 1826, S., 26, 1, 258 (bezieht sich auf art. 407 C. p.).

[2]) Über den der „*citation directe*" (art. 145, 182 des Code d'instruction criminelle) zugrunde liegenden Versuch der Chantage vgl. Pandectes belges, Nr. 238—241.

[3]) Séance du 14 avril 1863, Moniteur du 15 (zit. bei Malvezy, S. 189, 190, Chauveau et Hélie, Nr. 2131).

[4]) Vgl. besonders Pandectes françaises, Nr. 49.

[5]) So Chauveau et Hélie, Nr. 2132.

Art. 332 des Code pénal du canton de Genève vom 30. Oktober 1874 lautet:

Quiconque, à l'aide de la menace écrite ou verbale de révélations ou d'imputations diffamatoires, aura extorqué soit la remise de fonds ou valeurs, soit la signature ou remise des écrits énumérés en l'article précédent (i. e. d'un écrit, d'un acte, d'un titre, d'une pièce quelconque, contenant ou opérant obligation, disposition ou décharge), sera puni d'un emprisonnement de six mois à cinq ans.

La tentative de ce délit sera puni conformément à la loi.

Die Bestimmung stimmt mit art. 400, § 2 des französischen Code pénal überein.

Die Abweichungen beziehen sich auf die Strafbarkeit des Versuchs, auf das Strafmaß, dessen Minimum im Genfer Gesetz auf sechs Monate Gefängnis bestimmt wird; ferner hat Genf die vom französischen Gesetz neben Gefängnis vorgesehene Geldstrafe nicht übernommen.

3. Die Chantage im luxemburgischen Recht.

Literatur: Ruppert, Le code pénal Luxembourgeois, Luxembourg 1879.

Art. 470, §§ 2 und 3 des luxemburgischen Strafgesetzes vom 18. Juni 1879 lautet:

Quiconque, à l'aide de la menace écrite ou verbale de révélations ou d'imputations calomnieuses ou diffamatoires, aura extorqué soit la remise de fonds ou valeurs soit la signature ou la remise des écrits énumérés ci-dessus (i. e. d'un écrit, d'un acte, d'une pièce quelconque contenant ou opérant obligation, disposition ou décharge), sera puni d'un emprisonnement d'un an à cinq ans et d'une amende de cinquante francs à trois mille francs.

La tentative de ce dernier délit sera punie d'un emprisonnement de six mois à trois ans et d'une amende de vingt-six francs à mille francs.

Dieser Tatbestand entspricht im wesentlichen dem art. 400, § 2 des französischen Code pénal.

4. Die Chantage im niederländischen Recht (Afdreiging).

Literatur: van Hamel in: Strafgesetzgebung der Gegenwart in rechtsvergleichender Darstellung, Berlin 1894, Band 1, S. 187 ff.

Brusa, Das niederländische Strafgesetzbuch vom 3. März 1881, nach seinem historischen Ursprunge betrachtet. Zeitschrift für die gesamte Strafrechtswissenschaft, I., 332 ff.

Smidt, Geschiedenis van het Wetboek van Strafrecht, 5 Bände. Haarlem 1881 bis 1886, 3. Aufl. 1900, Band 2, S. 498—503 (zitiert nach der ersten Auflage).

Van Swinderen, Esquisse du droit pénal actuel dans les Pays-bas et à l'étranger. 6 Bände. Groningue 1891—1907, besonders Band 1, S. 268—283.

Noyon, Het Wetboek van Strafrecht verklaard. 2. Aufl. 1904—1905, Band 3, S. 147—153.

Jaques Beelaerts van Blokland, Afzetterij (chantage), Aaanteekening op art. 351 Ontwerp-Strafwetboek (Proefschrift). Leiden 1876.

Van Swinderen, Aanteekening op het Wetboek van Strafrecht. Te Groningen 1881. S. 502—505.

Ontwerp van een Wetboek van Strafregt, 'S Gravenhage 1879—1886. Band 2, S. 303—304; Band 3, S. 198—200.

Simons, Leerboek van het Nederlandsche Strafrecht. Groningen, Teil 1, 1904, Teil 2, 1907, 2. Teil S. 117—120.

Het Wetboek van Strafrecht. Rechtspraak en Nederlandsche Litteratur (tot 15 Mei 1892), systematisch geordend door de hoogleeraren Pols, van der Hoeven, van Hamel en Nieuwenhuis, Leiden 1893 (zitiert Rechtspraak); Fortsetzung dieses Werkes, Supplement bijgewerkt tot October 1899, Leiden 1900.

Frank, Vergleichende Darstellung des deutschen und ausländischen Strafrechts, Besonderer Teil, Band VI, S. 50 ff.

Art. 318 des niederländischen Strafgesetzbuchs vom 3. März 1881 lautet:

Hij die, met het oogmerk om zich of een ander wederrechtelijk te bevoordeelen, door bedreiging met smaad, smaadschrift of openbaring van een geheim iemand dwingt hetzij tot de afgifte van eenig goed dat geheel of ten deele aan dezen of aan een derde toebehoort, hetzij tot het aangaan van eene schuld, of het tenietdoen van eene inschuld, wordt, als schuldig aan afdreiging, gestraft met gevangenisstraf van ten hoogste drie jaren.

Dit misdrijf wordt niet vervolgd dan op klachte van hem tegen wien het gepleegd is.

I. Das geltende niederländische Strafgesetz ist ein Produkt des nationalen Rechtsbewußtseins; den Gedanken, lediglich eine verbesserte Ausgabe des früher geltenden französischen *Code pénal* zu schaffen, hat die Redaktion des Gesetzes von vornherein von der Hand gewiesen[1]).

Der Tatbestand der Chantage ist auch in selbständiger, vom französischen Recht unabhängiger Weise geregelt worden.

Die Chantage wird im niederländischen Recht als *afdreiging* bezeichnet; die im Regierungsentwurf ursprünglich gebrauchte Bezeichnung *afzetterij* hat keinen Anklang gefunden[2]).

II. Art. 318 ist im Titel XXIII: „Afpersing en afdreiging" (Erpressung und Chantage)[3]) enthalten.

Die Tatbestände der *afpersing* und der *afdreiging* sind gleichartig geregelt: sie haben den subjektiven Tatbestand wie die Umgrenzung des abgenötigten Verhaltens gemein. Was die *afdreiging* von der *afpersing* unterscheidet, besteht in den Verbrechensmitteln: die *afpersing* bedient sich der Gewalt oder der Bedrohung mit Gewalt, die *afdreiging* der Drohung mit Schmähung, Schmähschrift oder mit Offenbarung eines Geheimnisses.

III. Der Begriff der Schmähung und der Schmähschrift ist gesetzlich geregelt; nach Art. 261 begeht eine Schmähung, „wer vorsätzlich die Ehre oder den guten Namen eines anderen angreift durch Beschuldigung mit einer bestimmten Handlung, in dem offenbaren Zweck, sie bekannt zu machen".

„Geschieht dies mittelst Schriften oder Abbildungen, welche verbreitet, öffentlich ausgestellt oder angeschlagen werden, so wird der Täter wegen Schmähschrift ... bestraft."[4])

Der Begriff der Schmähung und Schmähschrift ist somit auf Fälle der üblen Nachrede beschränkt; er umfaßt nicht insbesondere die gerichtliche Anklage oder die behördliche Anzeige, gleichviel ob sie sich auf eine wahre oder unwahre Tatsache bezieht[5]).

---

1) van Hamel, S. 193.

2) Vgl. Smidt, Band 2, S. 495; Noyon, Band 3, S. 151.

3) Die von Dochow und Teichmann angefertigte Übersetzung des niederländischen Strafgesetzbuchs in: Sammlung außerdeutscher Strafgesetzbücher in deutscher Übersetzung. Berlin, Guttentag, I. enthält S. 54 ungenauerweise nur die Überschrift: Erpressung.

4) Auf die Legaldefinition dieser Ausdrücke verweisen die Motive, vgl. Ontwerp, II, S. 302; Smidt, II, S. 502.

5) „De woorden smaad of smaadschrift" in dit art. mogen niet worden uitgebreid tot het bij de overheid inleveren, of in geschrift doen brengen van een ware of zelfs van eene valsche klacht of aangifte, waardoor de eer of goede naam van

Für die Drohung mit Offenbarung eines Geheimnisses verlangt das Gesetz nicht, daß ihr Inhalt schon an sich das Verbrechen nach Art. 272 und 273 begründe und die dort angeführten Merkmale aufweise; wohl aber ist es erforderlich, daß der Täter die Kenntnis des Geheimnisses durch ein Anvertrauen des Opfers oder eines Dritten erlangt habe und daß die Offenbarung des Geheimnisses einem Vertrauensbruch gleichkomme. Unter dieser Voraussetzung fällt die Drohung mit gerichtlicher Anzeige einer strafbaren Handlung unter den Begriff der Drohung mit Offenbarung eines Geheimnisses, wenn nämlich die Anzeige ein Geheimnis bekannt macht, welches dem Täter anvertraut worden ist[1]).

IV. Die Drohung muß geeignet sein, das Opfer

a) zur Herausgabe einer Sache, welche ganz oder teilweise ihm oder einem Dritten gehört,

b) zur Eingehung einer Schuld,

c) zur Aufhebung einer Forderung

zu bestimmen.

Das Gebiet der Sachen-afdreiging fällt mit dem des Diebstahls (Art. 310) zusammen; das Gebiet der Vermögens-afdreiging ist auf die Eingehung oder Aufhebung eines Schuldverhältnisses behränkt.

Diese Fassung läßt den Einfluß des französischen Rechts kaum verkennen; doch ist sie eine weitere, als die des Art. 400 *Code pénal*, da nicht ausschließlich der schriftliche Abschluß von Verbindlichkeiten getroffen wird.

V. Die Absicht des Täters ist darauf gerichtet, sich oder einem Dritten widerrechtlichen Vorteil zu verschaffen.

---

den persoon, tegen wien zij is gericht, wordt aangerand. Die woorden moeten deperkt worden tot de beteekenis, die zij hebben in art. 261 Swb. Afdreiging door bedreiging met zoodanige klachte of aangifte valt niet onder art. 318, wanneer niet blijkt dat het feit, waarvan aangifte gedreigd wordt, den dreiger als geheim was toevertrouwd of tot zijne kennis gekomen." Arrest van den Hoogen Raad, 26. November 1888 (Rechtspraak, S. 218, 1).

[1]) „Bekl. schrijft aan O., dat zij dezen een moord heeft zien begaan en dreigt met openbaarmaking van hare wetenschap. Dit is geene bedreiging met het openbaarmaken van een geheim, doch eene bedreiging met smaad, daar er geen sprake kan zijn van de openbaarmaking van een geheim, als niet vaststaat, dat iemand misbruik maakt van in hem gesteld vertrouwen." Hof Leeuwarden, 25. September 1890 (Rechtspraak, S. 218, 2). Vgl. auch die vorige Anmerkung.

Daß der Ausdruck Vorteil den Vermögensvorteil bezeichnet, steht fest; dagegen ist die Frage der Widerrechtlichkeit des Vorteils ebenso bestritten wie in Deutschland.

In der Praxis wird das Erfordernis der Widerrechtlichkeit im objektiven Sinne aufgefaßt [1]).

VI. Die *afdreiging* wird nur auf Klage des Verletzten verfolgt.

Die Bestimmung des Artikels 316 über die Straflosigkeit des Diebstahls und der Unterschlagung, die von einem nicht gesehiedenen Ehegatten gegen den anderen begangen werden, findet auf die afdreiging Anwendung (Art. 319).

5. Die Chantage im norwegischen Recht.

Literatur: Forslag til Lov indeholdende Forandringer i Lov angaaende Forbrydelser af 20de August 1842 med Motiver. Udarbeidet af den ved kongelig Resolution af 14de November 1885 nedsatte Straffelovskommission. Kristiania 1888 (zitiert Forslag 1888, bzw. Motiver 1888).

Udkast til Almindelig borgerlig Straffelov for Kongeriget Norge. I. Udkast til Lov. II. Motiver. Udarbeidet af den ved kgl. Resolution af 14de November 1885 nedsatte Kommission. Kristiania 1896 (zitiert Udkast 1896, bzw. Motiver 1896).

Bittl, Entwurf eines allgemeinen bürgerlichen Strafgesetzbuches für das Königreich Norwegen. Motive. Ausgearbeitet von der durch königliche Entschließung vom 14. November 1885 eingesetzten Kommission. (Übersetzung des ersten Teils, § 1—82.) Berlin 1907.

Getz, Norwegen in: Strafgesetzgebung der Gegenwart, I. Band, S. 227 ff.

Hagerup, Almindelig borgerlig Straffelov af 22 Mai 1902. Kristiania 1903, besonders S. 195—197, 235—237.

Frank, Vergleichende Darstellung des deutschen und ausländischen Strafrechts. Besonderer Teil, Band VI, S. 92 ff.

Das allgemeine bürgerliche Strafgesetz für das Königreich Norwegen vom 22. Mai 1902[2]) enthält im § 266, Abs. 2 folgende Bestimmung:

Mit Geldstrafe oder mit Gefängnis bis zu drei Jahren wird bestraft, wer in der genannten Absicht (i. e. in der Absicht, sich oder einem andern einen unberechtigten Gewinn

---

[1]) S. Noyon, Band III, S. 147 ff., der diesen Standpunkt der Praxis bekämpft.

[2]) Übersetzt von Rosenfeld und Urbye in: Sammlung außerdeutscher Strafgesetzbücher in deutscher Übersetzung. XX. Berlin 1904.

zu verschaffen) jemanden zur Vornahme einer solchen Handlung (i. e. einer Handlung, durch die dem Handelnden oder einer Person, für die er handelt, ein Vermögensverlust zugefügt wird) dadurch rechtswidrig zwingt, daß er mit einer Anklage oder Anzeige wegen einer strafbaren Handlung oder mit dem Vorbringen einer ehrenkränkenden Beschuldigung droht, oder wer dazu mitwirkt.

I. Diese Bestimmung, welche nach dem Vorbild des französischen und holländischen Rechts die Chantage zu treffen hat[1]), bildet den zweiten Absatz des die Erpressung behandelnden Paragraphen und steht im 25. Kapitel: Erpressung und Raub.

II. Als Mittel der uneigentlichen Erpressung[2]) nennt das Gesetz die Drohung

a) mit einer Anzeige oder Anklage wegen einer strafbaren Handlung,

b) mit Vorbringen ehrenrühriger Beschuldigungen.

Im Gegensatz zur eigentlichen Erpressung (§ 266, Abs. 1), deren Mittel rechtswidriges Verhalten oder Drohung mit rechtswidrigem Verhalten bilden, sind die Mittel der uneigentlichen Erpressung an sich nicht rechtswidrig, unter Umständen rechtmäßig.

Die Drohung mit einer bewußt falschen Anzeige oder mit ehrenrühriger Beschuldigung wider besseres Wissen fällt nicht unter den Begriff der im § 266, Abs. 2 bezeichneten Drohung, sondern unter den Begriff der Drohung mit rechtswidrigem Verhalten und kann ein Merkmal des Tatbestandes des § 266, Abs. 1 bilden.

III. Durch die Drohung wird der Bedrohte zu einer Handlung gezwungen, durch welche ihm oder einer dritten Person ein Vermögensverlust zugefügt wird. Der Handlung ist die Unterlassung gleichzustellen. (§ 4 StGB.)

Der Vermögensverlust entsteht durch Vermögensübergang vom Berechtigten auf den Nichtberechtigten[3]).

---

[1]) S. Motiver 1888, S. 46.

[2]) Den Unterfall der Erpressung, welcher der Chantage entspricht, nenne ich uneigentliche Erpressung.

[3]) Motiver 1896, S. 238.

IV. Die Absicht des Täters ist darauf gerichtet, sich oder einem Dritten einen unberechtigten Gewinn zu verschaffen, d. i. einen Gewinn, auf den er keinen Anspruch hat [1]).

Unter dieser Voraussetzung, ist der vom Täter angewendete Zwang rechtswidrig; besteht aber zwischen dem Inhalt der Drohung und dem erstrebten Gewinn ein natürlicher Zusammenhang, so wird die Rechtswidrigkeit der Handlung ausgeschlossen [2]).

V. Die Verfolgung tritt nicht ohne Antrag des Verletzten ein, es sei denn, daß allgemeine Rücksichten das Gegenteil erfordern. (§ 266, Abs. 4.)

6. Die Chantage im Vorentwurf zu einem Schweizerischen Strafgesetzbuch vom Jahre 1908.

Literatur: Schweizerisches Strafgesetzbuch. Vorentwurf mit Motiven, im Auftrage des schweizerischen Bundesrates ausgearbeitet von Carl Stooss. Bern 1894 (zitiert: Vorentwurf I).

Vorentwurf zu einem Schweizerischen Strafgesetzbuch nach den Beschlüssen der Expertenkommission. Bern 1896 (zitiert: Vorentwurf II).

Vorentwurf zu einem Schweizerischen Strafgesetzbuch. Nach den Beschlüssen der von dem eidgenössischen Justizdepartement mit der Durchsicht des Vorentwurfs von 1896 beauftragten Expertenkommission. Juni 1903. Bern 1903 (zitiert: Vorentwurf III).

Vorentwurf zu einem Schweizerischen Strafgesetzbuch. Neue Fassung der Expertenkommission. April 1908. Bern 1909.

Schweizerisches Strafrecht. Verhandlungen der von dem Eidgenössischen Justiz- und Polizeidepartement einberufenen Expertenkommission über den Vorentwurf zu einem Schweizerischen Strafgesetzbuch, 2 Bände, Bern 1896 (zitiert: Verh. Exp.).

Art. 91, al. 2 und 3 des Vorentwurfs zu einem Schweizerischen Strafgesetzbuch vom Jahre 1908 lautet:

---

[1]) Motiver 1896, S. 208. Über den Unterschied zwischen „rechtswidrig" und „unberechtigt" vgl. Frank, Vergleichende Dar tellung usw., S. 93.

[2]) Motiver 1896, S. 208: „Er der imidlertid en naturlig Forbindelse mellem det, hvormed der trues, og det, som søges opnaaet, vil dette kunne bevirke, at Retsstridigheden maa benægtes." Als Beispiel führen die Motive den Fall an, daß ein Angestellter von seinem Arbeitgeber, der sich mit seiner Arbeiterfreundlichkeit brüstet, Lohnerhöhung fordert unter Drohung, ihn im Weigerungsfall als selbstsüchtige Person zu entlarven. Wie unbestimmt aber und unsicher das Kriterium des „natürlichen Zusammenhangs" ist, beweisen die weiteren in den Motiven angeführten Beispiele. (Ein Gläubiger fordert vom Schuldner die Bezahlung der Schuld unter Drohung, einen vom Schuldner bei früherem Anlaß an ihm begangenen Betrug anzuzeigen.)

Wer jemanden wissen läßt, er werde etwas bekannt machen, anzeigen oder verraten, was ihm oder einer Person, die ihm nahesteht, nachteilig ist, und ihn dadurch arglistig veranlaßt, sein Schweigen zu erkaufen, wird mit Gefängnis nicht unter einem Monate oder mit Zuchthaus bis zu fünf Jahren bestraft. Mit der Freiheitsstrafe kann Buße bis zu zehntausend Franken verbunden werden.

I. Interessant ist die Vorgeschichte dieser Bestimmung. Die ersten Entwürfe enthalten keinen selbständigen Tatbestand der Chantage.

Die schon während der ersten Lesung aufgetauchte Frage, ob die Chantage unter die Bestimmung des Entwurfs über Erpressung fällt, wurde von Stooss bejaht[1]). Diese Bestimmung (Art. 74 des Vorentwurfs I) lautet:

Wer jemandem durch Gewalt oder Drohung einen unrechtmäßigen Vorteil abnötigt, wird . . . bestraft.

Während der zweiten Lesung beschloß die Kommission auf Antrag von Cornaz und Correvon die Aufnahme eines besonderen Tatbestandes der Chantage, der mit Art. 381 des neuenburgischen Strafgesetzbuchs[2]) übereinstimmte[3]).

Diesem Beschluß trug Stooss durch folgende Fassung der Bestimmung über Erpressung[4]) Rechnung:

Wer jemandem durch Gewalt oder durch Drohungen irgend welcher Art einen unrechtmäßigen Vorteil abzunötigen sucht . . . .

Dieselbe Regelung der Erpressungsmittel enthält auch Art. 91 des Vorentwurfs vom Jahre 1903; erst der Vorentwurf vom Jahre 1908 enthält einen selbständigen Tatbestand der Chantage.

II. Nach dem System des Vorentwurfs vom Jahre 1908 bildet die Chantage einen Unterfall der Erpressung. Der Tatbestand der Chantage unterscheidet sich jedoch wesentlich von dem der Erpressung, so daß die gesetzliche Unterordnung der Chantage unter den Begriff der Erpressung eine rein äußerliche ist.

---

[1]) Verh. Exp. I. S. 394.

[2]) Vgl. unten S. 84.

[3]) Verh. Exp. II. S. 536.

[4]) Vorentwurf II, Art. 77; vgl. auch die dort angeführte Anmerkung des Verfassers des Entwurfs.

III. Das Verbrechensmittel besteht im „Wissenlassen".

Durch diesen Ausdruck wird die raffinierte Art und Weise, in welcher der Täter die Einschüchterung vornimmt, treffend bezeichnet. Der Chanteur droht nie oder selten, er läßt nur durchblicken, daß er in der Lage ist, ein Übel abzuwenden oder einen Schaden zuzufügen.

IV. Den Inhalt des „Wissenlassens" bildet die zukünftige Bekanntmachung, Anzeige oder der zukünftige Verrat eines dem Opfer nachteiligen Umstandes.

Der Entwurf verläßt den Standpunkt der anderen Gesetzgebungen, nach denen die Chantage im wesentlichen sich ehrenkränkender Beschuldigungen und Enthüllungen bedient, und verzichtet zugunsten einer allgemeinen Fassung auf die bestimmte Bezeichnung des in Aussicht gestellten Übels.

Diese weitere Fassung hat zur Folge, daß Art. 91, al. 2 nicht nur die Chantage trifft, sondern auch andere Handlungen, die nicht Chantage sind; die Bestimmung dieses Artikels bildet einen Oberbegriff, unter den die Chantage und ein Plus von Handlungen fällt.

V. Identität des Beschädigten und Bedrohten ist nicht erforderlich; auch das Erkaufen des Schweigens über Umstände, die einer dem Leistenden nahestehenden Person nachteilig sind, fällt unter Art. 91, al. 2.

VI. Die Bestimmung des Entwurfs setzt arglistige Verübung der Tat voraus.

Bereicherungsabsicht ist nicht erforderlich; sie wird in der Regel mit der Absicht des Täters, „sein Schweigen durch Vermögensleistungen zu erkaufen", zusammenfallen.

VII. Neben der Freiheitsstrafe ist die fakultative Geldstrafe angedroht.

Als Strafschärfungsgrund nennt der Entwurf die gewerbsmäßige Begehung des Verbrechens (§ 91, 2).

B. Die Chantage als delictum sui generis.

1. Die Chantage im neuenburgischen Strafgesetzbuch.

Literatur: République & Canton de Neuchâtel. Grand Conseil. Bulletin concernant le Code pénal. Cinquante et unième volume.

A. Projet de Code pénal (S. 6—140).
B. Exposé des motifs à l'appui du projet de Code pénal (S. 141—373.)
C. Rapport de la Commission législative sur le projet de Code pénal (S. 394—667).
Société d'imprimerie de Cernier 1891 (zitiert: Bulletin).
République et Canton de Neuchâtel. Code pénal du 12 février 1891. (Édition de 1900.) La Chaux-de-Fonds 1900.

Das Strafgesetzbuch von Neuenburg vom Jahre 1891 enthält folgende Bestimmung:

Du chantage.

Art. 381.

Celui qui, par menace, écrite ou verbale, de révélations ou d'imputations scandaleuses ou diffamatoires, se fait remettre des fonds ou valeurs, ou contraint une personne à faire tout autre acte ou à s'en abstenir, au préjudice de sa fortune ou de celle d'autrui, sera puni de la réclusion jusqu' à trois ans et de l'amende jusqu'à 5000 francs.

Art. 381 steht in einem besonderen Kapitel „Du chantage", welches eine Unterabteilung des Titre IX: „Des atteintes portées au bien d'autrui dans le but de se l'approprier" bildet.

Die Bestimmung lehnt sich an art. 400, § 2 des französischen Code pénal an, bezeichnet aber in der Richtlinie der Entwicklung des französischen Chantagebegriffs einen bedeutsamen Fortschritt.

Den engen Zusammenhang zwischen *extorsion* und *chantage* im französischen Recht hat das Neuenburger Gesetz fallen lassen. Die Motive stellen den besonderen Charakter der Chantage fest, ohne die Stellung dieses Verbrechens im System näher zu begründen:

„. . . . Ce n'est pas la menace, ce n'est pas l'extorsion, ce n'est pas l'escroquerie, ce n'est pas la révélation de secrets prévue à l'article 352; c'est un délit spécial, dirigé contre des personnes qu'on sait disposées aux plus grands sacrifices pour sauver leur réputation, c'est le chantage" [1]).

Im Vergleich mit dem französischen Recht weist der Tatbestand des art. 381 folgende wesentlichen Abweichungen auf:

---

[1]) Bulletin, S. 334.

a) Zur Bezeichnung des Erfolges der Handlung bedient sich das Gesetz der Worte *se faire remettre*, *contraindre* im Gegensatz zur Ausdrucksweise des französischen Gesetzes: *extorquer*.

Durch diese Worte soll die Anwendung feinerer Mittel, als Gewalt oder brutale Drohungen, getroffen werden [1]); sie erreichen jedoch diesen Zweck nicht, wenn sie auch der Ausdrucksweise des französischen Code pénal vorzuziehen sind.

b) Die kasuistische Aufzählung der Gegenstände der Chantage im französischen Recht ist durch die abstrakte Fassung: „faire tout autre acte ou s'en abstenir, au préjudice de sa fortune ou de celle d'autrui" ersetzt worden; somit kann nicht nur die Herausgabe einer Sache oder die schriftliche Eingehung eines Schuldverhältnisses, sondern jede vermögensrechtliche Leistung Gegenstand der Chantage sein.

c) Den Inhalt der Drohung bilden révélations ou imputations scandaleuses ou diffamatoires.

Auch die Androhung von Mitteilungen, die die Ehre der bedrohten Person nicht berühren, aber geeignet sind, Anstoß zu erregen, fällt unter art. 381.

Wie im französischen und belgischen Recht, ist die Familienchantage auch im Neuenberger Recht straflos (art. 353).

Die Chantage wird von Amtswegen verfolgt; den Behörden ist die größte Schonung des Opfers zur Pflicht gemacht [2]).

2. Die Chantage im russischen Strafgesetzbuch.

Literatur: Strafgesetzbuch. Erläuterungen zum Entwurf der Redaktionskommission. St. Petersburg 1895, bes. Band VII, S. 520—532 (russisch) (zitiert: Erläuterungen).

Gretener, Strafgesetzbuch für Rußland. Lieferung III. Berlin 1888, bes. S. 119—121.

---

[1]) Bulletin, S. 333, 619.

[2]) Vgl. die Motive (Bulletin, S. 335):

„Ce délit se poursuit d'office.... Il va de soi que le ministère public devra faire preuve d'une grande légèreté de main. Son intervention pourra se produire de la manière la plus utile en faisant comparaître d'abord la personne qui est victime des manœuvres et en lui demandant sur l'ensemble de l'affaire des renseignements circonstanciés, pour ensuite citer l'auteur du délit et le prévenir que, s'il ne renonce pas à ses projets, il sera puni."

Ähnlich: Rapport de la Commission législative (Bulletin, S. 620 ff.).

Foinitzki, Das russische Kaisertum: in Strafgesetzgebung der Gegenwart in rechtsvergleichender Darstellung. I. Band, S. 269 ff.
Taganzew, Das Strafgesetzbuch vom 22. März 1903. Mit einem Auszug aus den Motiven der Redaktionskommission, aus dem Berichte des Justizministeriums an den Staatsrat, aus den Sitzungsberichten der besonderen Kommission, des „ossoboje Prysustwie" der Departemente und der Plenarsitzungen des Staatsrats. St. Petersburg 1904, besonders S. 918 bis 921 (russisch).

§ 615 des russischen Strafgesetzbuchs vom 22. März 1903 [1]) enthält folgende Bestimmung:

Wer, um sich oder einem Anderen einen Vermögensvorteil zu verschaffen, durch Drohung mit Veröffentlichung erdichteter oder wahrer Mitteilungen:

1. über einen den Verletzten oder ein — wenn auch verstorbenes — Mitglied seiner Familie entehrenden Umstand;
2. über die Begehung einer als Verbrechen oder Vergehen strafbaren Handlung durch den Verletzten oder durch ein — wenn auch verstorbenes — Mitglied seiner Familie;
3. über einen den Handelskredit des Verletzten erschütternden Umstand

zur Übergabe von Vermögen oder zur Abtretung von Vermögensrechten oder zur Eingehung eines sonstigen nachteiligen Vermögensgeschäfts veranlaßt, wird mit Gefängnis nicht unter drei Monaten bestraft.

Diese Bestimmung enthält den Tatbestand der Chantage im russischen Strafgesetze; der von der Redaktionskommission des Gesetzes vorgeschlagene russische Ausdruck „swystunstwo" oder „wyswist" hat sich nicht eingebürgert.

I. § 615 findet sich im vierunddreißigsten Kapitel: „Bankrott, Wucher und sonstige Fälle strafbarer Unredlichkeit in Vermögensangelegenheiten."

Das Gesetz behandelt die Chantage als Ausbeutungsdelikt.

Zur Begründung dieser Stellung der Chantage im System des Strafgesetzes führen die Motive an:

„Die Chantage steht an der Grenze zwischen den der Täuschung sich bedienenden Vermögensdelikten und der Erpressung,

---

[1]) Deutsche Übersetzung von Bernstein in: Sammlung außerdeutscher Strafgesetzbücher in deutscher Übersetzung. XXIV. Berlin 1908.

ohne unter einen dieser Begriffe zu fallen [1]) . . . . . Die Redaktionskommission hat es für richtiger gefunden, die Chantage aus dem Begriff der Erpressung auszuscheiden und sie unter die Fälle der unredlichen Handlungen gegen das Vermögen einzureihen, da der durch das Verhalten des Chanteurs hervorgerufene Seelenzustand des Opfers nicht ganz dem Begriff des Gezwungenseins (*prynuschdenie*), dessen Vorhandensein wenigstens in vielen Fällen schwer nachzuweisen wäre, sondern vielmehr dem Begriff der Verleitung (*pobuschdenie*) durch Ausbeutung einer dem Opfer ungünstigen Konstellation von Umständen entspricht, d. i. demjenigen Begriff, welcher das charakteristische Merkmal der unredlichen Handlungen bildet, die in der Ausbeutung der schutzlosen Lage des Opfers bestehen" [2]).

II. Mittel der Chantage ist die Drohung, gleichviel ob sie mündlich, schriftlich, in einem Druckwerk oder auf eine andere Weise zum Ausdruck gelangt. Inhalt der Drohung bildet die Bekanntmachung

a) ehrenrühriger Tatsachen,

b) der Begehung eines Verbrechens oder Vergehens,

c) den Kredit gefährdender Umstände [3]).

Im Gegensatz zur Erpressung (§ 590), deren Mittel Gewalt, Körperverletzung oder s t r a f b a r e Drohung [4]) bildet, bedient sich die Chantage an sich nicht notwendig rechtswidriger Mittel [5]).

Die Beurteilung des ehrenrührigen Charakters der angedrohten Veröffentlichung ist dem freien Ermessen des Richters überlassen, wobei — wie die Motive hervorheben — die Anschauungen und Besonderheiten des gesellschaftlichen Kreises, dem das Opfer angehört, zu berücksichtigen sind.

Die Drohung mit Bekanntmachung eines Verbrechens sollte nach dem ursprünglichen Gedankengang der Kommission nur

---

[1]) Erläuterungen, S. 521.

[2]) Erläuterungen, S. 525, 526.

[3]) Der ursprüngliche Entwurf nannte nur die Drohung mit Bekanntmachung: a) einer als Verbrechen oder Vergehen strafbaren Handlung, b) einer die w e i b l i c h e Ehre verletzenden Tatsache. (Erläuterungen, S. 524, 525.)

[4]) Vgl. § 510 des russischen StGB. (Drohung mit Mord, Brandstiftung . . .).

[5]) „Der Räuber und der Erpresser handeln offen g e g e n d a s G e s e t z und gegen den Willen des Opfers; der Chanteur verbirgt sich hinter dem Schein der Gesetzmäßigkeit." (Erläuterungen, S. 528.)

dann als Mittel der Chantage bestraft werden, wenn mit der Begehung des Verbrechens eine Entehrung für dessen Urheber verbunden war; jedoch die Schwierigkeit, ein sicheres Kriterium für die Unterscheidung zwischen entehrenden und nicht entehrenden Delikten zu finden, wie die Überzeugung, daß vom Standpunkt der sozialen Moral eine jede Abweichung von den Normen, welche die Existenz und Fortdauer des gesellschaftlichen Zusammenlebens bedingen, für die Mitglieder der Gesellschaft als ehrenrührig gelten muß, haben dazu geführt, die Drohung mit Veröffentlichung eines jeden Verbrechens oder Vergehens als Tatbestandsmerkmal der Chantage aufzunehmen [1]).

Auch die Drohung mit Veröffentlichung eines Verbrechens, dessen Strafbarkeit ausgeschlossen oder aufgehoben ist, fällt unter § 615.

Als Mittel der Chantage nennt schließlich das Gesetz die Drohung mit Bekanntmachung von Umständen, die den Kredit des Verletzten erschüttern. Diese in den Entwürfen zum russischen Strafgesetzbuch nicht vorkommende Bestimmung [2]) ist aus der Erwägung hervorgegangen, daß die Angriffe auf den Kredit mit den Angriffen auf die Ehre nicht notwendig zusammenfallen.

III. Die Drohung muß geeignet sein, das Opfer zu einer sein Vermögen schädigenden Handlung zu verleiten.

Ungeachtet der kasuistischen Aufzählung der Gegenstände der Chantage wird ihr Gebiet durch die allgemeine Klausel „Eingehung eines sonstigen unvorteilhaften Vermögensgeschäftes" nicht nur auf Sachen in corpore, sondern auf jeden vermögensrechtlichen Vorteil ausgedehnt [3]).

IV. Der subjektive Tatbestand erfordert Vorsatz und gewinnsüchtige Absicht. Nach den Motiven setzt die Chantage in subjektiver Hinsicht voraus:

„1. Der Täter muß sich dessen bewußt sein,

a) daß der Umstand, mit dessen Veröffentlichung er droht, eine als Verbrechen oder Vergehen strafbare Handlung oder eine ehrenrührige Tatsache bildet,

---

[1]) Erläuterungen S. 531.

[2]) Diese Bestimmung wurde erst auf Vorschlag der Spezialkommission des Staatsrats ins Gesetz aufgenommen; vgl. Taganzew, S. 921.

[3]) Erläuterungen S. 526.

b) daß die Drohung mit Veröffentlichung dieser Umstände das Opfer zum Verzicht auf Vermögensgüter veranlassen kann.

2. Erforderlich ist der direkte Wunsch des Täters, das Opfer durch die Drohung zu einer für ihn vorteilhaften und für das Opfer nachteiligen Vermögensdisposition zu veranlassen; *dolus subsequens*, wie *dolus eventualis* genügt nicht.

3. Notwendig ist die gewinnsüchtige Absicht, die als Streben nach Erlangung eines Vermögensvorteils auf Kosten des Bedrohten zu bezeichnen ist. Dieser Vorteil muß — seinem Gegenstande nach — dem Nachteil auf seiten des Opfers entsprechen und in dem Verzicht des Opfers auf seine Vermögensgüter begründet sein" [1]).

Die Rechtswidrigkeit des Vermögensvorteils, auf dessen Erlangung die Absicht des Täters gerichtet ist, wird im Gesetze nicht hervorgehoben, wie überhaupt das Requisit „rechtswidrig" in die Tatbestände, in denen es herkömmlich vorkommt, vom russischen Gesetzgeber nicht aufgenommen worden ist.

Von der Chantage ist die Geltendmachung eines rechtlich begründeten Anspruchs zu unterscheiden, wenn sie auch ehrenrührige Veröffentlichungen zur Folge hat; in diesem Falle ist die Rechtswidrigkeit der Handlung ausgeschlossen [2]).

V. Identität der bedrohten und der beschädigten Person ist nicht erforderlich; die Tatsachen, deren Veröffentlichung der Täter in Aussicht stellt, können sich auf ein auch verstorbenes Mitglied der Familie des Verletzten [3]) beziehen. Ebensowenig ist Identität des Täters und der durch die Tat bereicherten Person erforderlich, wobei es gleichgültig ist, ob der Täter im Auftrag dieser Person oder aus eigenem Antrieb handelt.

VI. Die Chantage ist mit dem Momente vollendet, in welchem das Opfer die geforderte Sache herausgibt, auf ein Vermögensrecht verzichtet oder eine vermögensrechtliche Verbindlichkeit eingeht; auf die Realisierung und den Genuß des erworbenen Vorteils durch den Täter kommt es nicht an. Der Versuch beginnt mit dem Momente, in welchem die Drohung zur Kenntnis des Opfers gelangt ist; jede frühere Tätigkeit, z. B.

---

[1]) Erläuterungen S. 527 ff.

[2]) Erläuterungen S. 528.

[3]) Vgl. auch § 530 (Beleidigung).

die Abfassung und Zusendung des Drohbriefes, ohne daß der Verletzte den Brief gelesen hat, gehört dem Gebiet der straflosen Vorbereitung an.

VII. Das Gesetz unterscheidet die einfache und die geschärfte Chantage.

Unter geschärfter Strafe steht die Chantage,

1. wenn sie von einer zu diesem Zwecke gebildeten Bande begangen wird [1];

2. im wiederholten Rückfall, und zwar wenn

a) der Täter bereits zwei Strafen wegen der Chantage oder eines Vermögensdelikts (Diebstahls, Raubes, Erpressung oder Betrugs) verbüßt hat und

b) seit dem Tage der Verbüßung der letzten Strafe im Laufe von fünf Jahren eine Chantage begangen hat;

3. wenn der Täter Redakteur, Verleger oder Mitarbeiter einer Zeitschrift ist und mit Veröffentlichungen in der Presse droht.

Die einfache Chantage wird mit Gefängnis von drei Monaten bis zu einem Jahre, die geschärfte mit Korrektionshaus von anderthalb bis zu sechs Jahren gestraft.

C. Blackmail.

Aus dem Strafrecht der Vereinigten Staaten von Amerika.

Literatur: Wharton, A treatise on criminal law, tenth edition, Philadelpia 1896. Vol. II. §§ 1664 ff., S. 519 ff.

Beale, Vereinigte Staaten von Amerika, in: Strafgesetzgebung der Gegenwart, II. Band, S. 197 ff.

Felton in: Actes du congrès pénitentiaire international de Bruxelles, Août 1900. Bruxelles et Berne 1901. Vol. II, S. 665 ff.

Frank in: Vergleichende Darstellung des deutschen und ausländischen Strafrechts, Besonderer Teil, Band VI, S. 80 ff.

Der Begriff der Chantage ist den nordamerikanischen Gesetzgebungen nicht fremd; sie bedienen sich zu seiner Bezeichnung des Ausdrucks *blackmail* [2].

---

[1]) Unter Bande versteht das Gesetz eine zum Zwecke der Begehung mehrerer Verbrechen oder Vergehen gebildete Verbindung (§ 52).

[2]) Über den Ursprung dieses Wortes teilt Felton (cit. S. 668) nach Websters Wörterbuch mit: „Autrefois, les contrées de l'Ecosse méridionale et du Nord de l'Angleterre étaient tellement infestées de brigands que les habi-

I. Das Strafgesetzbuch des Staates New York vom 26. Juli 1881 enthält in § 558 [1]) folgende Bestimmung:

Blackmail. — A person who, knowing the contents thereof, and with intent, by means thereof, to extort or gain any money or other property, or to do, abet, or procure any illegal or wrongful act, sends, delivers, or in any manner causes to be forwarded or received, or makes and parts with for the purpose that there may be sent or delivered, any letter or writing, threatening

1. To accuse any person of a crime; or
2. To do any injury to any person or to any property; or
3. To publish or connive at publishing any libel; or
4. To expose or impute to any person any deformity or disgrace;

Is punishable by imprisonment for not mor e than five years.

Der Tatbestand der blackmail geht über den der Chantage hinaus, und zwar nach zwei Richtungen:

a) blackmail ist kein Vermögensdelikt; neben der Absicht, Geld oder andere Vermögensgegenstände zu erpressen oder zu gewinnen, nennt das Gesetz die Absicht, eine ungesetzliche oder widerrechtliche Handlung zu begehen, zu unterstützen oder herbeizuführen;

b) als Mittel der blackmail nennt das Gesetz: die Drohung mit der Anzeige eines Verbrechens, mit der Veröffentlichung einer Schmähschrift, mit der Bloßstellung — wie auch die Drohung, der Person oder dem Vermögen einen Schaden zuzufügen.

Die Mittel der blackmail umfassen nicht nur die der Chantage, sondern zum Teil auch die Mittel der Erpressung im eigentlichen Sinne des Wortes.

Die Bestimmung über blackmail ist im fünften Kapitel: „Extortion and oppression“ des fünfzehnten Titels: „of crimes against property“ enthalten.

---

tants se trouvaient réduits, pour se préserver corps et biens, à contracter une sorte de marché avec les pillards. Ils payaient à des affiliés une certaine dîme en argent ou en nature, moyennant laquelle on s'engageait à les garantir contre les attaques des brigands. Voilà ce qu'on appelait: „ „blackmail“ “. On disait: prélever un blackmail“.

[1]) Zitiert nach der Ausgabe von Banks et Company, Albany, New York 1900.

Trotz dieser Stellung im System des Strafgesetzes ist blackmail kein Vermögensdelikt und bildet keinen Unterfall der Erpressung oder der Nötigung.

Blackmail ist nach Bindings Ausdruck ein coupirtes Erfolgsverbrechen; schon die kausale Handlung (die Drohung), die den rechtswidrigen Erfolg (Bereicherung oder Begehung einer rechtswidrigen Handlung) herbeiführen soll, bildet den Tatbestand des vollendeten Verbrechens, gleichviel ob der Erfolg eingetreten ist oder ausbleibt. Hat der Täter durch die Mittel der blackmail einen Vermögensgegenstand erlangt, so fällt seine Handlung unter den Tatbestand der *extortion* (§§ 552, 553).

Schriftliche Form der Drohungen bildet ein Tatbestandsmerkmal der blackmail; bedient sich der Täter mündlicher Drohungen, so fällt seine Handlung unter die Bestimmung des § 560 (Attempts to extort, etc., by verbal threats).

Soweit blackmail als Vermögensdelikt in Betracht kommt, ist ihr Gebiet eng umgrenzt, da es nur die Herausgabe von Sachen umfaßt. Handelt der Täter in der Absicht, einen nicht in Sachen bestehenden Vermögensvorteil zu erlangen, so bildet seine Handlung den Tatbestand der Erpressung nach § 555, sofern er die Ausstellung einer dort genannten Urkunde zu erzwingen sucht.

Einen besonderen Fall der Chantage regelt § 254, 2. Teil: . . . a person who offers to prevent the publication of a libel upon another person upon condition of the payment of, or with intent to extort, money or other valuable consideration from any person, is guilty of a misdemeanor.

II. Die Regelung der blackmail im Strafgesetzbuch des Staates New York war für die meisten Staaten der Nordamerikanischen Union vorbildlich [2]); auch der Entwurf zu einem Bundesstrafgesetzbuch für die Vereinigten Staaten [1]) schließt sich in Sect. 323 wörtlich dem § 558 des New Yorker Strafgesetzbuchs an.

---

[1]) Vgl. Felton, S. 669 ff. und die dort in französischer Übersetzung angeführten Gesetze.

[2]) Penal Code of the United States. Report of the commission to revise and codify the criminal and penal laws of the United States. Washington 1901.

Anhang. Die strafrechtliche Regelung einzelner Formen der Chantage.

Literatur: Glaser, Ausschußbericht über den Antrag der Abgeordneten Fux und Genossen, betreffend die Revision des Preßgesetzes in: Gesammelte kleinere juristische Schriften, 2. Aufl., I. Teil, Wien 1883, S. 385 ff.

Mayer, S., Das ungarische Strafgesetzbuch über Verbrechen und Vergehen. In seinen leitenden Grundsätzen dargestellt. Wien 1878.

I. Der österreichische Gesetzentwurf vom 5. Juni 1871, betreffend Abänderungen und Ergänzungen der bestehenden Preßgesetzgebung [1]) enthält folgende Bestimmungen:

§ 14. Die Bestimmung des § 98 des allgemeinen Strafgesetzes findet auch auf die Drohung Anwendung, durch eine Druckschrift Tatsachen zu veröffentlichen, welche geeignet sind, jemand in der öffentlichen Meinung herabzuwürdigen oder dessen Kredit zu gefährden.

§ 15. Des Verbrechens der öffentlichen Gewalttätigkeit durch Erpressung schuldig und nach § 100 des allgemeinen Strafgesetzes zu bestrafen ist auch derjenige, welcher

1. für die Unterlassung oder Verhinderung eines Angriffes von der im § 14 bezeichneten Art oder

2. dafür, daß in einer Druckschrift über eine öffentliche Gerichtsverhandlung überhaupt nicht oder nur in einem bestimmten Sinne berichtet werde, die Gewährung eines ihm nicht gebührenden Vorteiles verlangt oder denselben, wissend, daß ihn ein anderer auf solche Art verlangt habe, annimmt.

II. § 351 des ungarischen Strafgesetzbuchs vom Jahre 1878 [2]) lautet:

Wer, um sich oder einem Dritten einen rechtswidrigen Vermögensvorteil zu verschaffen, einen anderen mit der Veröffentlichung verläumderischer oder beleidigender Behauptungen in einem Druckwerke bedroht, begeht das Vergehen der Erpressung und wird nach § 350 [3]) bestraft.

---

[1]) Vgl. auch Drucksachen des österreichischen Abgeordnetenhauses, Nr. LXV ex 1871.

[2]) Zitiert nach: Steinbach, G., Das ungarische Strafgesetzbuch über Verbrechen und Vergehen. (Gesetzartikel V vom Jahre 1878.) Herausgegeben vom königl. ungarischen Justizministerium. Wien 1879.

[3]) i. e. mit Gefängnis bis zu drei Jahren.

Vierter Abschnitt.

Kritische und legislative Erwägungen.

A. Die soziale Bedeutung der Chantage.

Literatur: Vgl. die S. 3 angeführte Literatur; außerdem v. Liszt, Das gewerbsmäßige Verbrechen in: Zeitschrift für die gesamte Strafrechtswissenschaft, XXI, 121 ff. (Strafrechtliche Aufsätze und Vorträge, Berlin 1905, Band II, S. 308 ff.)

Die Chantage ist kein modernes Verbrechen [1]). Sie tritt uns in der συκοφαντία [2]) bei den Athenern, in der *delatio* [3]) bei den Römern entgegen und die Geschichte des Revolverjournalismus führt auf den berüchtigten Renaissanceschriftsteller Pietro Aretino zurück [4]).

Neu ist die Erkenntnis, daß die Chantage einen besonderen Typus von verbrecherischen Handlungen gegen das Vermögen bildet und die Bezeichnung dieser Delikte mit einem besonderen Namen; neu sind auch einige Erscheinungsformen der Chantage,

---

[1]) Die Ansicht, die Chantage sei ein Verbrechen der Neuzeit, ist weitverbreitet; vgl. z. B. die Worte des Generalprokurators Cordoën in der Sitzung des Corps législatif vom 14. April 1863: „a de délits nouveaux il faut des dispositions nouvelles et une répression nouvelle." Ähnlich: Exposé des motifs à l'appui du projet de Code pénal neuchâtelois (Bulletin du Grand Conseil 1891, S. 333).

[2]) Näheres bei: Platner, Der Prozeß und die Klagen bei den Attikern, Darmstadt 1825, II. Teil, S. 164—167; Meier und Schömann, Der attische Prozeß, neu bearbeitet von Lipsius, Berlin 1883—1887, S 413 ff.

[3]) Vgl. besonders Mommsen, Römisches Strafrecht in: Bindings Systematisches Handbuch der deutschen Rechtswissenschaft erste Abteilung, vierter Teil, S. 383 in und bei Anmerkung 2, S. 491 ff.

[4]) Vgl. Chasles, L'Arétin, sa vie et ses écrits. Neuchâtel 1873; Gauthiez, L'Italie du XVI siècle, L'Arétin, Paris 1895; Arlía, La vita dello infame Aretino. Lettera CI et ultima di Anton Francesco Doni fiorentino, Città di Castello 1901.

welche namentlich mit der Bedeutung der Presse im modernen Kulturleben zusammenhängen.

Unsere Zeit weist ferner eine gewaltige Vermehrung der Chantagehandlungen auf: bringt der Fortschritt der Kultur eine Verminderung der der Roheit entspringenden und der brutalen Gewalt sich bedienenden Verbrechen mit sich, so zeitigt er andererseits eine Zunahme der verbrecherischen Handlungen, deren Mittel List und raffinierte Schlauheit sind.

Unter diesen Delikten nimmt nächst dem Betrug die Chantage eine hervorragende Stellung ein; wie der Betrug, tritt die Chantage in unzähligen mannigfaltigen Formen zum Vorschein.

Le chantage — um Garrauds Worte über den Betrug anzuführen — est, en effet, le protée du droit pénal moderne.

Von der Ausbeutung der durch Zufall oder unvorsichtiges Vertrauen erlangten Kenntnis von Tatsachen aus dem Privatleben — bis zur Einschüchterung des Opfers durch Schaffung grundloser Verdachtsmomente; von den anonymen Bettelbriefen, welche eine selbst für das Opfer kaum verständliche Anspielung enthalten — bis zu den brutalen Geldforderungen führt ein verbrecherisches *crescendo* [1]). Auch die Form der Einschüchterung weist von der gesprächsweise gemachten Mitteilung bis zu der am meisten gefürchteten Veröffentlichung in der Presse mehrere Spielarten auf.

Treffend wurden die Chanteurs als die Parasiten der Gesellschaft bezeichnet.

„Le commerce terrestre a l'usure immonde, le commerce maritime avait la piraterie, la vie civile a — le chantage; toute œuvre humaine a ses parasites importuns ou malfaisants." [2])

Die Leichtigkeit der Begehung, die nicht den geringsten Aufwand von körperlicher Kraft oder Geschicklichkeit erfordert, die geringe Gefahr der Entdeckung sind geeignet, die verbrecherischen Neigungen nach dieser Richtung auszulösen; der Täter, dem eine Chantage gelungen ist, wird in der Regel das Verbrechen gegen

---

[1]) Vgl. Tarde in: Actes du congrès pénitentiaire international, Bruxelles 1901, Vol. II, S. 694 ff. (auch abgedruckt in: Archives d'anthropologie criminelle, tome 15 e, 1900, S. 644 ff.).

[2]) Worte des Verteidigers Barboux im Panamaprozeß (zitiert bei Garraud, Nr. 2223).

dieselbe oder eine andere Person fortsetzen oder wiederholen. Mit jeder begangenen Chantage wächst der Hang zu deren Wiederholung. Die Chantage bildet neben Betrug und Diebstahl die Hauptform des modernen gewerbsmäßigen Verbrechens; die Begehung der Chantage wird zur ausschließlichen oder doch überwiegenden Erwerbsquelle des Täters.

Mit besonderer Schärfe tritt der gewerbsmäßige Charakter in der Chantage auf dem Gebiete des anormalen Geschlechtslebens, im sogenannten Rupfertum zum Vorschein. Arbeitsscheue und liederliche Personen, meist männliche Prostituierte, suchen auf Kosten der Opfer ein arbeitsloses, schwelgerisches Leben zu führen; ein Besuch oder ein Schreiben verschafft ihnen reichliche Mittel und eröffnet begründete Aussicht auf eine ständige, sichere Einnahmsquelle [1]).

Die Chantage stellt eine soziale Gefahr dar. Ihrem Wesen nach gegen das Vermögen gerichtet, gefährdet sie die Ehre und bedroht die Unantastbarkeit des Privatlebens. Es dürfte kaum einen Menschen geben, der sein ganzes Privatleben der Neugierde und der Skandalsucht seiner Mitmenschen preisgeben würde; der Chanteur wühlt in den Vorgängen des häuslichen oder Familienlebens seines Opfers, um sich unredlichen Gewinn zu verschaffen.

Selten beschränkt sich die Wirkung der Chantage auf das Opfer selbst, in der Regel wird dessen Familie in Mitleidenschaft gezogen.

Den unendlichen, stets steigenden Geldforderungen des Verbrechers kann ein noch so großes Vermögen kaum stand-

---

[1]) Das Rupfertum weist folgende Merkmale auf: Die Täter stehen durchweg im jugendlichen Alter, was auf den engen Zusammenhang zwischen männlicher Prostitution und Chantage zurückzuführen ist, „Rupfer" im Alter von 16 bis 18 Jahren gehören nicht zur Seltenheit. Die Chantage wird in vielen Fällen von mehreren Komplizen begangen, die banden- oder komplottmäßig organisiert sind. Die Rolle des Urhebers oder Anstifters übernimmt ein Kuppler oder Knabenhändler. Ferner verdient der internationale Charakter des Rupfertums hervorgehoben zu werden. Der Täter verlegt gern den Schauplatz seiner Tätigkeit von einer Hauptstadt in die andere, ohne seine bisherigen Opfer von seiner Verfolgung zu befreien. (Vgl. besonders den Versuch einer Klassifikation der Rupfer bei Ulrichs, Kritische Pfeile, S. 74 ff. in Forschungen über das Rätsel der mannmännlichen Liebe, zwölfte Schrift, 2. Aufl., Leipzig 1898).

halten; das Opfer, von Angst und Sorgen gepeinigt, ununterbrochen gehetzt, verliert die richtige Einsicht in seine Lage und sieht vielfach den einzigen Ausweg im Selbstmord.

B. Die Strafwürdigkeit der Chantage.

Literatur: Exposé des motifs de la loi de 1863 (abgedruckt bei Chauveau et Hélie, Band V, Nr. 2131).

République et canton de Neuchâtel. Grand Conseil. Bulletin concernant le code pénal, besonders S. 333—335, 618—622.

Strafgesetzbuch. Erläuterungen zum Entwurf der Redaktionskommission. Band VII S. 526 ff. (russisch).

Pandectes belges, Band 17, v. Chantage, Nr. 13—23.

Die Strafwürdigkeit der Chantage, die sich der Drohung mit falscher Anschuldigung bedient, steht außer Zweifel. Dagegen werden gegen die Strafbarkeit der Chantage, der eine dem Verletzten tatsächlich zur Last fallende ehrenrührige Handlung zugrunde liegt, folgende Bedenken geltend gemacht:

a) Das Opfer der Chantage, welches sich eines Verbrechens oder einer unehrenhaften Handlung schuldig gemacht hat, verdient nicht den Schutz des Gesetzes.

b) Das Interesse des Staates und der Gesellschaft erfordert, daß jede unehrenhafte Handlung entdeckt wird.

c) Der Schutz, welchen das Gesetz dem „schuldigen" Opfer der Chantage gewähren würde, erscheint unwirksam und illusorisch, da das Opfer die gerichtliche Verfolgung des Täters in eigenem Interesse scheuen wird; die Anzeige der Chantage ist ja eine Verwirklichung des vom Täter in Aussicht gestellten Übels.

Diese Bedenken erscheinen bei näherer Betrachtung unbegründet.

a) Wer einen Fehler begangen hat oder sich eines Verbrechens schuldig gemacht hat, wird nicht vogelfrei. Die germanische Friedloserklärung ist ein überwundenes Institut.

Den Verbrecher trifft nur die gesetzlich normierte Strafe; außer dem Strafanspruch des Staates und dem Anspruch des durch das Verbrechen Verletzten auf Entschädigung erwächst weder der Gesellschaft noch dem einzelnen irgendein Anspruch gegen den Verbrecher. Der zivilrechtliche wie strafrechtliche staatliche Schutz wird dem Verbrecher nicht entzogen.

Die Unwürdigkeit des Opfers schließt die Strafwürdigkeit des Täters nicht aus.

Treffend lehrt das österreichische Strafgesetz (§ 4): „Das Verbrechen entsteht aus der Bosheit des Täters, nicht aus der Beschaffenheit desjenigen, an dem es verübt wird. Verbrechen werden also auch an Übeltätern ... begangen.“

Schließlich darf speziell bei der Chantage nicht übersehen werden, daß der durch Enthüllungen Bedrohte mit dem Beschädigten nicht immer identisch ist, sondern daß vielfach Angehörige des Bedrohten durch die Chantage geschädigt werden.

b) Der Staat braucht die Privatanzeige, sie ist „eines der wichtigsten Hülfsmittel alter wie neuer Strafrechtspflege. Der Denunziant handelt als negotiorum gestor des Staates.“ [1])

Der Staat wird sich somit hüten, die Rechtshülfehandlung, eine im öffentlichen Interesse vorgenommene Handlung, durch gesetzliche Bestimmung treffen zu wollen [2]).

So einwandfrei diese Ansicht ist, so wenig kann sie als Argument für die Straflosigkeit der Chantage verwendet werden. Das Wesen der Chantage besteht in der Unterlassung, nicht in der Erstattung der Anzeige. Der Chanteur droht stets mit der Anzeige, erstattet sie aber nie, da er sonst die Waffe gegen sein Opfer aus der Hand geben würde.

Die Straflosigkeit der Chantage ist eine Prämie für die Unterlassung der Anzeige; die Strafbarkeit der Chantage fördert die Erstattung der Anzeige, da sie die Möglichkeit der Vorteilsgewährung für die Unterlassung der Anzeige zu verhindern sucht.

c) Die Ansicht, das Opfer der Chantage werde den Schutz des Gesetzes im eigenen Interesse nie in Anspruch nehmen [3]),

---

[1]) Binding, Lehrbuch des gemeinen deutschen Strafrechts, Besonderer Teil, II. Band, zweite Auflage, Leipzig 1905, S. 538.

[2]) Dieses Argument führte Nekludow an, ein Mitglied der mit der Ausarbeitung des russischen Entwurfs beauftragten Redaktionskommission; er trat unter Berufung auf den Satz: Salus publica suprema lex esto für die Straflosigkeit der einer Drohung mit der Anzeige eines Verbrechens sich bedienenden Chantage ein: die Anzeige eines Staatsdelikts dürfe nicht als Chantage bestraft werden, wenn auch der Denunziant nur infolge Verweigerung des Schweigegeldes die Anzeige erstattet hat. (Erläuterungen, S. 530.)

[3]) Diese Ansicht wurde in der Sitzung des Corps législatif während der Beratung des französischen Gesetzes vom 13. Mai 1863 von Jules Favre angeführt,

kann nicht zur Begründung der Straflosigkeit der Chantage dienen, da sie den Hauptzweck der Strafbestimmung außer acht läßt: ein abschreckendes Motiv für den Täter zu schaffen.

Übrigens kann, wenn auch vereinzelt, der Fall eintreten, daß das Opfer, vom Verbrecher verfolgt und zu Tode gehetzt, den staatlichen Schutz anruft; es wäre ein bedenkliches Zeichen der Schwäche der gesetzlichen Bestimmungen, wenn der Staat nicht in der Lage wäre, dem Verbrecher das Handwerk zu legen.

C. Notwendigkeit eines selbständigen Tatbestandes.

Literatur: Stämpfli, Erpressung und „chantage".

Frank, Chantage in Seufferts Blättern für Rechtsanwendung, 74. Jahrgang (1909), Nr. 7, 8.

Beelaerts van Blokland, Afzetterij (chantage).

Wach, Legislative Technik in: Vergleichende Darstellung des deutschen und ausländischen Strafrechts, Allgemeiner Teil, VI. Band, S. 1 ff.

Gutherz, Beitrag zu einem System der Gesetzestechnik in: Schweizerische Zeitschrift für Strafrecht, 20. Jahrgang (1907), S. 346 ff.

Beling, Die Lehre vom Verbrechen. Tübingen 1906.

Die Erkenntnis der sozialen Gefahr, die die Chantage in sich birgt, die Anerkennung der Strafwürdigkeit der Chantage, wie die Überzeugung, daß ihre Bekämpfung durch strafrechtliche Bestimmungen erforderlich ist, lassen die Frage der Notwendigkeit eines selbständigen Tatbestandes der Chantage noch unbeantwortet. Die strafrechtliche Bekämpfung der Chantage kann auf zweierlei Wegen erreicht werden: entweder durch eine derartige Ausdehnung des Tatbestandes eines der alten Delikte, daß er die Fälle der Chantage umfaßt, oder durch Aufstellung eines selbständigen Tatbestandes der Chantage.

Den ersten Weg hat das deutsche Strafgesetzbuch betreten, welches den Tatbestand der Erpressung nur deshalb so weit gefaßt hat, um Fälle der Chantage nicht straflos ausgehen zu lassen.

Der § 253 StGB. sollte einen Oberbegriff für zwei heterogene Begriffe: Erpressung und Chantage bilden; zu diesem Zweck wurde die rechtsgeschichtlich begründete und in allen ausländischen Rechten aufrecht erhaltene Beschränkung der Mittel der

um die Überflüssigkeit der gesetzlichen Regelung der Chantage nachzuweisen. (Vgl. Chauveau-Hélie, Nr. 2131.)

Erpressung auf gesetzlich bezeichnete, an sich rechtswidrige Drohungen aufgegeben und jede Drohung schlechthin als taugliches Mittel der Erpressung bezeichnet.

Je kleiner der Inhalt eines Begriffs ist, um so größer ist sein Umfang. Der inhaltsarme Begriff der Erpressung im deutschen Strafgesetzbuch hat eine weite, schier unabsehbare Ausdehnung gewonnen: nicht nur die eigentliche Erpressung, nicht nur die Chantage wird durch § 253 StGB. getroffen, sondern ein großer Teil des gesellschaftlichen Lebens und beinahe der ganze Geschäftsverkehr spielt sich nach der deutschen Rechtsprechung in der Form von Erpressungen ab, ein Ergebnis, das mit Recht nicht nur als Donquixoterie, sondern als ein kulturfeindliches Beginnen bezeichnet wurde [1]).

Das deutsche Strafgesetzbuch und die deutsche Rechtsprechung zeigen beweiskräftiger als begriffliche Erwägung, daß der erste Weg nicht zu beschreiten ist [2]).

---

[1]) Frank in: Vergleichende Darstellung des deutschen und ausländischen Strafrechts, Besonderer Teil, VI. Band, S. 104.

[2]) In diesem Zusammenhang sind Wachs legislative Vorschläge zu erwähnen, nach denen die selbständigen Tatbestände der Vermögensdelikte überhaupt aufzugeben sind. Wach befürwortet die Bildung „eines Grunddelikts unter Berücksichtigung der verschiedenen, wesentlich gleichwertigen Formen der Handlung: des Zugriffs („ „Wegnahme, Diebsgriff" " u. dgl.), der Verfügung (Unterschlagung), der Täuschung (Betrug), des Zwanges (Erpressung, Raub). Etwa so: wer in der Absicht sich, (oder einem Dritten?) einen rechtswidrigen Vermögensvorteil zu verschaffen, das Vermögen eines anderen durch Aneignung diesem gehöriger beweglicher Sachen oder durch Täuschung oder Zwang beschädigt, wird — — bestraft." Dadurch würde man „die Bande der Scholastik, des Doktrinarismus, der juristischen Spitzfindigkeit rücksichtslos brechen" und das Fortschleppen „traditioneller, juristischer Begriffe und Schablonen" glücklich vermeiden. Außerdem „wäre der Gewinn jenes Mischtatbestandes — abgesehen von der Vereinfachung — die Gleichwertigkeit der verschiedenen Angriffsformen mit dem Ergebnis der Einheit des Verbrechens, falls sie dem einheitlichen, auf die widerrechtliche Bereicherung durch Beschädigung gerichteten Vorsatz dienen." (Wach, S. 69 ff.)

Diese Vorschläge über die Tatbestandsbildung, die Wach selbst als Ketzerei bezeichnet, stehen im Widerspruch zu dem bisherigen Entwicklungsgang der Strafrechtswissenschaft und der Strafgesetzgebung.

Die Vorteile, die sich Wach vom Aufgeben der scharf umrissenen Tatbestäden und von deren Ersetzung durch umfassende Mischtatbestände verspricht, sind nihct einzusehen.

Es bleibt nur der zweite Weg offen: die Aufstellung eines besonderen Tatbestandes der Chantage.

Für diesen Weg spricht schon die Tatsache, daß die meisten modernen Strafgesetze, wie auch der Schweizer Entwurf vom Jahre 1908, eine besondere Bestimmung über die Chantage aufgenommen haben. Sie findet ihre Begründung in der juristischen Eigenart dieses Verbrechens.

Die Entwicklungsgeschichte der Chantage zeigt, daß die ursprüngliche Verkennung ihrer Eigenart dazu führte, die Chan-

---

Was zunächst das Postulat der Vereinfachung der Tatbestände anbelangt, so leiden Wachs Ausführungen an einem prinzipiellen Fehler. Wenn Wach als gruppenbildendes Kriterium allein die Natur des Angriffsobjekts, des strafrechtlich geschützten Rechtsguts aufstellt, so gerät er dadurch in Widerspruch nicht nur mit den wissenschaftlich und legislativ anerkannten Prinzipien, sondern auch mit sich selbst, da er an anderer Stelle zugibt, daß „die Bewertungsfaktoren für die Bildung von Verbrechensarten die Natur des Angriffsobjektes und die Art des Angriffs sind." (Wach, S. 55.)

Mit Recht betont Gutherz (S. 375): „Der Verbrechensbegriff des besonderen Teiles ist ebensosehr nach der Seite des Objektes, als nach jener der Tatart differenziert, und ein Verbrechen kann nur bei innigster Verschmelzung dieser beiden Elemente gedacht werden."

Speziell auf dem Gebiete der Vermögensdelikte ist die Tatart nicht von „qualifizierender", sondern von begriffskonstituierender Bedeutung.

Wenn man auch zugeben sollte, daß die Bildung der Tatbestände nach einem Kriterium, nach dem verletzten Rechtsgut, der von Wach befürworteten Vereinfachung der Tatbestände gerecht wird, so fragt es sich, ob das Prinzip der Vereinfachung für die Tatbestandsbildung von ausschlaggebender Bedeutung ist. Sollte dies der Fall sein, so würde dieses Prinzip zu einem Strafgesetz führen, das aus einem einzigen Paragraphen, dem Schurkenparagraphen, bestände:

Jeder Schurke wird . . . bestraft. (S. Beling, S. 22.)

Nach Wach wäre ferner der „Mischtatbestand" geeignet, die Schwierigkeiten zu beheben, welche sich für die Beurteilung von Grenzfällen ergeben. Der Umstand, daß die Grenzen zwischen den Tatbeständen der Vermögensdelikte fließend sind, spricht weder für die „formal-juristische Struktur" des Diebstahls, Raubs, der Erpressung usf., noch ist er ein Beweis „der zweckwidrigen Kristallisation der Tatbestände". Der Tatbestand ist ein Ergebnis der Abstraktion; er gehört nur dem Gesetz, nicht dem realen Leben an. (Beling, S. 113.) Grenzfälle werden nie, auch bei der von Wach vorgeschlagenen Tatbestandsbildung, zu vermeiden sein.

Es fragt sich nur, ob die Abgrenzung der einzelnen Verbrechen geboten ist; daß dies im Interesse der Rechtssicherheit und zwecks Ausschlusses der richterlichen Willkür geschehen muß, wird auch von Wach hervorgehoben. (Wach, S. 55.)

tage mit zwei Verbrechensarten zu identifizieren: mit Betrug und Erpressung.

Die Subsumption der Chantage unter Betrug beruhte in Frankreich, Belgien, Österreich, Rußland auf einer gezwungenen Interpretation des Gesetzes und gilt heute — von seltenen Ausnahmen [1]) abgesehen — als ein in der Theorie und Praxis überwundener Standpunkt.

Die Chantage und der Betrug weisen nur ein gemeinsames Merkmal auf: das Opfer wird vom Täter zur Vornahme einer ihm Schaden bringenden Handlung veranlaßt; „der Verletzte gibt das Werkzeug zu seiner eigenen Verletzung ab".

Dagegen besteht der Unterschied zwischen beiden Verbrechensarten:

a) in der Art des Mittels: der Betrüger bedient sich der Täuschung, der Chanteur der Einschüchterung.

b) in der Wirkung auf den Verletzten: das Opfer des Betrugs erkennt nicht die verletzende Qualität seiner Handlung oder befindet sich im Irrtum über sie und handelt infolge dieser Unkenntnis oder dieses Irrtums; das Opfer der Chantage ist sich des schädigenden Charakters seiner Handlung bewußt und nimmt sie vor, um einem anderen, nach seiner Meinung schwereren Übel vorzubeugen.

Das dem Betrug und der Chantage gemeinsame Merkmal weist auch die Erpressung auf.

Dagegen unterscheidet sich die auf ihre Grenzen zurückgeführte Erpressung [2]) von der Chantage:

a) durch das Mittel: der Erpresser bedient sich der Gewalt oder offener Drohung, der Chanteur verkappter Drohung;

b) durch die Art des angedrohten Übels: der Erpresser droht mit einem an sich rechtswidrigen Verhalten, der Chanteur stellt in Aussicht ein an sich nicht notwendig rechtswidriges, ein rechtmäßiges Übel (minae iuris);

---

[1]) So z. B. Nypels-Servais IV, S. 106, Nr. 30.

[2]) Vgl. den Begriff der „eigentlichen" Erpressung in den deutschen partikulären Strafgesetzbüchern, im geltenden holländischen, norwegischen und russischen Strafgesetzbuch; s. besonders Frank, Vergleichende Darstellung des deutschen und ausländischen Strafrechts, Besonderer Teil, VI. Bd.

c) der Erpresser verletzt neben dem Vermögen die Freiheit des Opfers; die Chantage ist ein Vermögensdelikt, welches zugleich die Ehre des Opfers gefährdet;

d) der Erpresser fordert die Leistung vom Opfer; der Chanteur erwartet in der Regel die Initiative zur Leistung vom Opfer;

e) der Erpresser versetzt sein Opfer in einen Zustand, in welchem es, der normalen Freiheit beraubt, in die Leistung einwilligt; der Chanteur findet in der Regel ohne sein Zutun eine Lage des Opfers vor, die er ausbeutet [1]).

D. Stellung der Chantage im System des Strafrechts.

Literatur: Philipsborn, Die Klassifikation der einzelnen strafbaren Handlungen (Abhandlungen des kriminalistischen Seminars an der Universität Berlin, Neue Folge, V. Band, 2. Heft), Berlin 1906.

Oppenheim, Die Objekte des Verbrechens, Basel 1894.

Doerr, Über das Objekt bei den strafbaren Angriffen auf vermögensrechtliche Interessen (Strafrechtliche Abhandlungen, herausgegeben von Bennecke, Heft 3/4). Breslau 1897.

Lauterburg, Zur Abgrenzung der strafbaren Vermögenszueignung und ihrer Hauptformen in: Schweizerische Zeitschrift für Strafrecht, 1893, S. 169ff.

Isopescul-Grecul, Das Wucherstrafrecht, Leipzig 1906.

Schmidt, Wucher und Ausbeutung in: Vergleichende Darstellung des deutschen und ausländischen Strafrechts, Besonderer Teil, Band VIII, S. 161 ff.

Merkel, Kriminalistische Abhandlungen, II. Die Lehre vom strafbaren Betruge, Leipzig 1867.

Hegler, Betrug in: Vergleichende Darstellung des deutschen und ausländischen Strafrechts, Besonderer Teil, VII. Band, S. 405 ff.

Frank, Chantage (Seufferts Blätter für Rechtsanwendung, 1909, Nr. 7, 8).

Die Rechte, welche einen selbständigen Tatbestand der Chantage kennen, betrachten die Chantage als Unterfall der Erpressung oder als delictum sui generis; unter den letzteren weist das Neuenburger Strafgesetzbuch der Chantage ein besonderes Kapitel zu, während das russische Gesetz die Chantage im Zusammenhang mit Bankrott, Wucher u. dgl. behandelt.

Auszugehen ist davon, daß die Chantage einen gegen das Vermögen gerichteten Angriff enthält.

---

[1]) Zu den letzten zwei Punkten vgl. das folgende Kapitel.

Es ist versucht worden, den Begriff der Chantage unter Berufung auf den Sprachgebrauch auf Erlangung irgendeines Vorteils auszudehnen[1]).

Eine derartige Fassung des Begriffs der Chantage, verzichtet nicht nur auf den Charakter des Vermögensdelikts, sondern auf einen juristisch brauchbaren Begriff der Chantage überhaupt[2])

Es fragt sich nur, welche Stellung der Chantage innerhalb der Gruppe der Vermögensdelikte zuzuweisen ist.

Die systematische Klassifikation der Vermögensdelikte verläßt den Einteilungsgrund des verletzten Rechtsguts und lehnt sich an die Tatart an.

Im Anschluß an Merkel[3]) und Binding[4]) werden die Vermögensverbrechen in Vermögensverschiebungsdelikte und reine Vermögensentziehungsdelikte[5]) eingeteilt, je nachdem der entzogene Vermögensbestandteil dem Täter oder einem Dritten zugewendet wird oder nicht.

---

[1]) Vgl. Actes du congrès pénitentiaire international de Bruxelles, août 1900; die Verhandlungen sind im ersten Band, die Berichte im zweiten enthalten. Unter den acht Berichterstattern haben sich Berlet, Felton, Tarde und Typaldo-Bassia für die weitere Fassung des Begriffs der Chantage erklärt. — So lautet z. B. Berlet's Fassung (zit. II, S. 652): „Quiconque, soit à l'aide d'une menace écrite ou verbale, même par la voie de la presse ou sous la forme d'un procès purement vexatoire, soit par tout autre mode d'extorsion, aura obtenu ou tenté d'obtenir une somme d'argent, une valeur quelconque, un emploi, salarié ou non salarié, un mandat, gratuit ou non gratuit, une faveur ou un avantage de quelque nature qu'il soit, sera puni..." — Die von der Plenarversammlung des Kongresses angenommene Resolution lautet (zit. I. S. 249): „Il faut faire entrer dans les codes criminels, sous la dénomination de chantage, l'extorsion ou la tentative d'extorsion, notamment par la voie de la presse ou par la menace d'un procès purement vexatoire, d'une somme d'argent ou de tout autre avantage."

[2]) Vgl. Tarde, Actes du congrès, II, S. 698: „Le chantage, après tout, rentre, comme une simple espèce, dans le genre immense des procédés qui consistent à faire marcher les hommes par la crainte, à moins que ce ne soit par l'espérance, à les dominer par la peur et la terreur, à moins que ce ne soit par l'enthousiasme et la colère." — Vgl. auch Stämpflis Bemerkungen über das Resultat des Brüsseler Kongresses für das materielle Strafrecht, S. 149 ff.

[3]) Merkel, Abhandlungen II, S. 80ff., dann in Holtzendorffs Handbuch des deutschen Strafrechts, 3. Band, S. 621 ff.

[4]) Lehrbuch des gemeinen deutschen Strafrechts, 1. Band, S. 242 ff.

[5]) So Hegler, S. 407, dessen Terminologie derjenigen Bindings vorzuziehen ist; vgl. auch die dort S. 406, Anmerkung 5 angeführte ausländische Literatur

Jede dieser beiden Gruppen zerfällt in zwei Unterabteilungen, je nachdem die Vermögensverschiebung, beziehungsweise die reine Vermögensentziehung mit oder ohne Willen des Verletzten erfolgt.

Die Chantage ist ein Vermögensverschiebungsdelikt mit scheinbarer Respektierung des Willens des Verletzten und bildet mit Betrug, Erpressung und den Ausbeutungsdelikten eine Gruppe [1]).

Die Prüfung der Eigenart der Chantage ergibt, daß das russische Gesetz den richtisgten Weg eingeschlagen hat, um das Verhältnis der Chantage zu verwandten Verbrechen zu bezeichnen.

Die Chantage ist ihrem Wesen nach eine Ausbeutungshandlung [2]). Während der Erpresser und Betrüger durch rechtswidrige Drohung oder arglistige Täuschung ihr Opfer in eine Situation versetzen, in welcher es die schädigende Handlung vornimmt, findet der Chanteur ähnlich dem Wucherer eine bereits vorhandene Situation des Opfers vor, die er ausnutzt.

Die Begehung eines Verbrechens, ein Umstand oder eine Tatsache, deren Veröffentlichung geeignet ist, jemanden bloßzustellen, mit einem Worte jede verschuldete oder unverschuldete schiefe Lage, deren Bekanntmachung die Ehre des Opfers ver-

---

[1]) Über die enge Verwandtschaft zwischen Betrug, Erpressung und Wucher vgl. z. B. Lorenz v. Stein, Der Wucher und sein Recht, Wien 1880, S. 154 ff.; Lilienthal, Die Wuchergesetzgebung in Deutschland (Conrads Jahrbücher für Nationalökonomie und Statistik, Band 35, 1880, S. 377 ff.); Binding, Lehrbuch, Bes. Teil, I. Band, S. 445; Schmidt, S. 239; Isopescul-Grecul, S. 322 ff.

[2]) Dieser Charakter der Chantage ist schon von vielen Schriftstellern festgestellt worden; vgl. z. B. Schuermans, Code de la presse, 2. Aufl., Bruxelles 1882, II. Band, S. 41: „Le chantage, ou exploitation de la crainte de la publicité, . . ." Pandectes belges, Chantage, Nr. 11: „Le chantage s'exerce par contrainte morale et de deux manières: soit en exploitant la crainte des voir dénoncer ou publier des faits réels, soit en abusant de la faiblesse des personnes timorées . . ."; Tarde, Actes du congrès . . . S. 699: „Le chantage n'est qu'une variété de l'exploitation de l'homme par l'homme"; Typaldo-Bassia, daselbst, S. 717: „On entend par l'expression générale de chantage l'action d'exploiter à son profit la crainte . . . "; Aubéry, daselbst, S. 638; neuestens Frank, Chantage, S. 261—262

letzen oder gefährden würde, dient dem Chanteur zur Basis der Ausbeutung, ähnlich wie die Notlage, der Leichtsinn, die Unerfahrenheit des Bewucherten vom Wucherer zur rechtswidrigen Bereicherung benützt wird.

Ferner weist die Chantage in der Regel ein Merkmal auf, das ebenfalls unter den Bergiff der Ausbeutungshandlung fällt. Der Täter erreicht einen Vorteil, ohne das Opfer zur Leistung aufgefordert zu haben; er überläßt die Initiative zum Loskauf dem Opfer selbst [1]).

Auch hierin zeigt sich die Ähnlichkeit zwischen Chantage und Wucher im Gegensatz zu Betrug und Erpressung: der Täter läßt lediglich die Einflüsse arbeiten, die unabhängig von ihm auf das Opfer so stark oder so lange wirken, bis es selber die Initiative zur Leistung ergreift.

Schließlich sei auf die Ähnlichkeit in der äußeren Begehungsform der Chantage und des Wuchers hingewiesen. Beide werden in den Formen eines Vertrags begangen; der Wucherer schließt einen Darlehensvertrag ab, der Chanteur verspricht Schweigen unter gewissen Bedingungen [2]).

Die Chantage bildet mit dem Wucher und den Tatbeständen der wirtschaftlichen Ausbeutung die Gruppe der Ausbeutungsdelikte; unter den Delikten gegen das Vermögen überhaupt erscheint ihr Gebiet als ein Grenzgebiet zwischen Wucher und Erpressung [3]).

E. Das Verbrechensmittel.

I. Die Chantage bedient sich selten der Drohung [4]). Regelmäßig vermeidet der Täter die Form des Konditionalsatzes; er

---

[1]) Vgl. das von Merkel in Holtzendorffs Handbuch, III, S. 728, Anmerkung 8 angeführte Beispiel: Der Zeuge irgendeiner Übeltat gibt die Absicht kund, deren Bestrafung herbeizuführen, worauf der Täter das Stillschweigen des Zeugen erkauft. — Merkel bemerkt dazu: „Von demjenigen, der die Leistung nicht gefordert hat, läßt sich auch nicht sagen, daß er sie erzwungen hat."

[2]) So Frank, Chantage, S. 261, 262.

[3]) Vgl. bei Isopescul-Grecul, S. 324, 325 „den Versuch einer graphischen Darstellung der Grenzgebiete zwischen Betrug, Wucher und Erpressung"; das Grenzgebiet zwischen Wucher und Erpressung (Zahl 8, S. 325) wird mit den Worten: „durch drohende Haltung des Gegners gesteigerte Notlage" bezeichnet.

[4]) Vgl. die Ausführungen von Cornaz und Correvon in den Verhandlungen der Expertenkommsision, II. Band, S. 536: „Die Definition von Chantage

läßt nur durchblicken, daß er Kenntnis von einem Geheimnis besitze oder daß er in der Lage sei, ein drohendes Übel abzuwenden.

Die Gesetzgebungen mit selbständigem Tatbestand der Chantage bedienen sich zur Bezeichnung des Verbrechensmittels des Ausdrucks: Drohung; dieser Begriff wird sowohl in der Literatur, als in der Praxis im weitesten Sinne gefaßt und interpretiert [1]).

Die Frage, ob der Begriff der Drohung in diesem Umfange nicht unbedenklich erscheint, kann hier unerörtert bleiben; es steht aber fest, daß er nicht geeignet ist, der Eigenart des Verbrechensmittels in allen Fällen der Chantage gerecht zu werden [2]).

Das Verdienst der legislativen Einführung der richtigen Bezeichnung des Verbrechensmittels gebührt dem Schweizer Entwurf vom Jahre 1908; die Fassung:

„Wer jemanden wissen läßt . . ."

entspricht der raffinierten Art und Weise, in welcher der Täter die Einschüchterung vornimmt.

II. In der Regelung des Inhalts der Einschüchterungsmittel zeigt sich ein prinzipieller Gegensatz zwischen dem Schweizer

---

könne nicht die nämliche sein, wie die von Erpressung; es handle sich hier nicht um gewöhnliche brutale Drohungen, sondern um feinere Mittel."

[1]) Nach Glaser (Abhandlungen, S. 191) „gehört die Drohung in die Reihe der symbolischen Handlungen . . . Die Auffassung und Würdigung der Drohung ist unbedingt eine individuelle. Jedes Verhalten, welches von dem inneren Vorgange in dem einen ein deutliches Zeugnis geben sollte, und vom andern im eben bezeichneten Sinne verstanden werden konnte, ist eine Drohung . . . Die bloße Stellung, welche ein Mensch einnimmt, der Ton, in welchem er eine Forderung vorbringt, der Ort, an welchem dieses geschieht, können für sich allein vollkommen genügen, um von seinem Entschlusse Zeugnis zu geben, und dem anderen die Meinung beizubringen, daß ihm ein bestimmtes Übel bevorstehe." — Vgl. auch Waser, Zeitschrift für österr. Rechtsgelehrsamkeit und polit. Gesetzkunde, 1840, II, S. 359 ff., der ausdrückliche, stillschweigende (tatsächliche) und versteckte Drohungen unterscheidet und über die letzteren bemerkt: „Für die Beurteilung verstekter Drohungen ist jedoch große Vorsicht zu empfehlen, um nicht gegen den Wortlaut und Geist des Gesetzes den Umfang dieses Verbrechens willkürlich auszudehnen"; vgl. Merkel in Holtzendorffs Handbuch, III, S. 727. Vgl. ferner RGSt. X, 16; Cass., 10 déc. 1886, D., 87, 1, 364; Cass., 4 janv. 1877, D., 77, 1, 416; Kass. H. 108, wo die Ausführungen der Generalprokuratur sich wörtlich an Glaser anlehnen.

[2]) Lehrreich Kass. H. 2448.

Entwurf einerseits und den übrigen Gesetzen andererseits. Während der französische Code pénal und die verwandten Rechte, ferner das norwegische, holländische und russische Strafgesetzbuch den Tatbestand der Chantage auf Drohungen mit bestimmt bezeichneten Übeln beschränken, enthält Artikel 91, al. 2 des Schweizer Vorentwurfs vom Jahre 1908 die allgemeine Fassung:

Wer jemanden wissen läßt, er werde etwas bekannt machen, anzeigen oder verraten, was ihm . . . nachteilig ist . .

Gegen diese Fassung ist zunächst einzuwenden, daß sie über den Begriff der Chantage hinausgeht, welche ihrem Wesen nach auf Einschüchterung mittels verkappter Drohung mit Bloßstellung beschränkt ist.

Ferner besteht die Gefahr, daß diese Fassung, wenn man den weiten und unbestimmten Begriff des Nachteils in Betracht zieht, zu denselben Konsequenzen in der Praxis führen kann, wie die Bestimmung des § 253 RStGB. [1]).

Die Chantage erfordert eine bestimmte Bezeichnung der Einschüchterungsmittel.

Als solches kommt zweifellos in Betracht: die Inaussichtstellung der Bekanntmachung:

a) einer ehrenrührigen Tatsache,

b) einer strafbaren Handlung.

Diese Regelung der Einschüchterungsmittel hat sich in der französischen Rechtsprechung bewährt und ist auch in anderen Gesetzen mit selbständigem Tatbestand der Chantage beibehalten worden; in den Niederlanden, wo der Tatbestand der *afdreiging* abweichend geregelt ist, wird die Reformbedürftigkeit der *afdreiging* nach dieser Richtung anerkannt [2]).

Dagegen sind aus dem Kreise der Mittel der Chantage auszuscheiden:

a) die im holländischen Gesetze genannte Drohung mit Offenbarung eines Geheimnisses,

---

[1]) Für die Ausdehnung der Chantage auf Einschüchterung aller Art haben sich in ihren Berichten erklärt: Berlet, Tarde, Typaldo-Bassia (Actes du congrès . . ., II, S. 650 ff., 700 ff., 721 ff.).

[2]) Entwurf vom 19. September 1904; vgl. Frank, Vergleichende Darstellung . . . Bes. Teil, VI. Band, S. 51.

b) die vom russischen Gesetze aufgestellte Drohung mit Kreditgefährdung.

Die Offenbarung eines Geheimnisses fällt unter die Veröffentlichung ehrenrühriger Tatsachen, wenn das Geheimnis von einem die Ehre verletzenden Inhalt ist; fehlt dem Geheimnis dieser Charakter, so bildet die gewinnsüchtige Drohung mit Offenbarung eines derartigen Geheimnisses den Tatbestand eines anderen Verbrechens, oder sie geht straflos aus.

Die Drohung mit Kreditgefährdung bildet — da die Kreditgefährdung oder Kreditschädigung in den meisten modernen Gesetzen strafrechtlich verfolgt wird [1]) — als Drohung mit einer an sich rechtswidrigen Handlung ein Merkmal der Erpressung und nicht der Chantage.

F. Die Begehungshandlung.

I. Die Begehungshandlung der Chantage wird durch einen zweifachen Kausalzusammenhang charakterisiert: einerseits muß die Einschüchterung eine auf Vermögensverschiebung gerichtete Vermögensdisposition des Verletzten zur Folge haben, andererseits muß diese Handlung des Verletzten den verbrecherischen Erfolg, Vermögensbeschädigung auf seiten des Verletzten und Bereicherung des Täters, herbeiführen. Wie die Handlung des Getäuschten sich als Mittelglied zwischen der Handlung des Betrügers und der Schädigung des Betrogenen darstellt [2]), so vermittelt das Verhalten des Opfers der Chantage den Erfolg, ohne daß es eines weiteren verbrecherischen Aktes seitens des Täters bedürfte.

Dieses Verhalten stellt sich — wie bereits erwähnt — als eine Vermögensdisposition dar; es kann in einer Handlung wie in einer Unterlassung bestehen.

Unter den geltenden Gesetzen bringt das norwegische Strafgesetz den Zusammenhang zwischen der Handlung des Täters

---

[1]) Vgl. besonders: Passow, Die Kreditgefährdung des § 187 StGB. in historischer, dogmatischer und kritischer Darstellung (Strafrechtliche Abhandlungen, begründet von Bennecke, Heft 42); Huber Emil, Der Kredit (Kreditanwartschaft), als selbständiges Rechtsgut, Breslau 1902 (Zür. Diss.), Pfäffikon 1905.

[2]) Vgl. Merkel, Abhandlungen, II, S. 192, 206, passim.

und dem Verhalten des Opfers einerseits und zwischen dem letzteren und der Vermögensbeschädigung andererseits in klarer Weise zum Ausdruck; die anderen Gesetze beschränken sich darauf, das Verhalten des Verletzten im Gesetze zu bezeichnen, und zwar durch eine allgemeine Fassung (vgl. den Schweizer Entwurf), oder durch eine kasuistische Aufzählung (der französische Code pénal und die verwandten Rechte, das niederländische und russische Gesetz).

II. Je nachdem der Täter es auf die Herausgabe einer Sache oder auf einen anderen Vermögensvorteil abgesehen hat, kann man zwischen Sachen- und Vermögenschantage unterscheiden [1]).

Die Sachenchantage wird in vollem Umfange von sämtlichen Gesetzen, die Vermögenschantage unbeschränkt nur vom norwegischen, Neuenburger Strafgesetz und vom Schweizer Vorentwurf anerkannt.

Dagegen kennen das französische Gesetz und die Rechte der französischen Gruppe die Vermögenschantage nur in beschränktem Umfang; ebenso zählen das holländische und das russische Gesetz einzelne Fälle der Vermögenschantage auf.

Daß die abstrakte Fassung, die es ermöglicht, die Sachen- und Vermögenschantage in ihrem ganzen Umfang zu treffen, der primitiven, kasuistischen und lückenhaften Aufzählung vorzuziehen ist, leuchtet von selbst ein.

III. Identität des Täters und des Bereicherten setzt der Tatbestand der Chantage nicht voraus.

So bestimmen ausdrücklich das norwegische, holländische und russische Gesetz, während nach dem Wortlaut der anderen Gesetze eine derartige Identität keineswegs als Erfordernis des Tatbestandes erscheint.

IV. Die Frage, ob Identität des Beschädigten und des durch die in Aussicht gestellte Handlung des Täters unmittelbar Betroffenen erforderlich ist, wird nur im russischen Gesetz und im Schweizer Vorentwurf geregelt.

Während das russische Strafgesetz die Chantage bestraft, wenn Objekt der Drohung auch ein Familienmitglied des Be-

---

[1]) Im Anschluß an Franks Einteilung in Sach- und Vermögenserpressung (Vergleichende Darstellung, bes. Teil, VI. Band, S. 2).

schädigten ist, dehnt der Schweizer Vorentwurf den Kreis der durch die Chantage unmittelbar betroffenen, vom Beschädigten verschiedenen, Personen auf „Personen, die ihm (i. e. dem Beschädigten) nahe stehen" aus.

Zweckmäßiger erscheint die Regelung des Schweizer Entwurfs, da neben den Banden der Blutsverwandtschaft wohl auch andere, nicht minder enge Bande (Liebe, Freundschaft) vom Gesetzgeber zu berücksichtigen sind.

G. Der subjektive Tatbestand.

Der subjektive Tatbestand der Chantage umfaßt:

a) die vorsätzliche Verwirklichung der objektiven Tatbestandsmerkmale,

b) die Bereicherungsabsicht.

a) Erforderlich ist also:

1. vorsätzliche Einschüchterung, wobei sich der Täter des (ehrenrührigen u. dgl.) Charakters seiner in Aussicht gestellten Veröffentlichung oder Bekanntmachung bewußt sein muß;

2. vorsätzliche Herbeiführung einer Vermögensdisposition des Opfers; der Vorsatz des Täters umfaßt auch den Kausalzusammenhang zwischen seiner Handlung und dem Verhalten des Verletzten.

b) Die Bereicherungsabsicht (die gewinnsüchtige Absicht) [1]) bezeichnet den auf Erlangung eines rechtswidrigen (im subjektiven Sinne) Vorteils auf Kosten des Vermögens eines Anderen gerichteten Willen des Täters.

Es ist das Verdienst von Merkel [2]), die Bereicherungsabsicht über das Niveau eines bloßen Motives hinausgehoben und das Verständnis für Bereicherungsverbrechen erschlossen zu haben [3]).

Die Bereicherungsabsicht bildet ein Tatbestandsmerkmal der Chantage: der Täter sucht nicht bloß das Vermögen des Ver-

---

[1]) Vgl. Birkmeyer, Gewinnsüchtige Absicht in Holtzendorffs Rechtslexikon (Leipzig 1881), II. Band, S. 180 ff.

[2]) Abhandlungen, II, S. 95 ff. passim; in Holtzendorffs Handbuch, III. Band, S. 621 ff., 731—733, 772—773.

[3]) So Binding, Normen II, S. 561.

letzten zu schädigen, sondern er will zugleich den dem Opfer entzogenen Vermögenswert sich oder einem Dritten dienstbar machen. Die Bereicherungsabsicht setzt Identität der Objekte der Beschädigung und Bereicherung voraus [1]) (Erfordernis „der Stoffgleichheit von Schaden und Nutzen“ [2]); die Zuwendung von Vermögensstücken zugunsten des Täters hat zur Kehrseite die Abwendung solcher vom Vermögen des Opfers.

Unter den geltenden Gesetzen nennen das norwegische, holländische und russische Strafgesetz die Bereicherungsabsicht als Tatbsetandsmerkmal; das französische Gesetz stellt dieses Merkmal nicht auf, aber der Kassationshof und die herrschende Meinung in der Literatur verlangen zur Erfüllung des Tatbestandes der Chantage „*le but de cupidité illégitime*“.

H. Versuch und Vollendung.

Die gesetzliche Regelung des Versuchs der Chantage hängt von der Regelung des Versuchs überhaupt ab; es ist dies eine Frage des allgemeinen Teils des Strafgesetzes.

Dagegen läßt sich eine Grenze des Versuchs nach oben durch gesetzliche Bestimmung über die Vollendung der Chantage gewinnen.

Die Strafgesetze enthalten keine allgemeine Bestimmung über die Vollendung, sondern ersetzen sie durch eine genaue Fassung der einzelnen Tatbestände; die Frage der Vollendung eines Verbrechens ist somit eine Tatbestandsfrage.

Die gesetzliche Regelung der Vollendung entspricht in den meisten Gesetzen mit selbständigem Tatbestand der Chantage dem von Carrara aufgestellten Grundsatze: ein Delikt sei mit der Verletzung des Rechts vollendet, zu dessen Schutz das Strafgesetz bestimmt ist, mag auch der Täter aus dieser Verletzung noch nicht den Vorteil gezogen haben, dessen Erlangung er erstrebte [3]).

Die Chantage ist vollendet, wenn der Verletzte eine sein Vermögen schädigende Handlung vorgenommen hat; die tat-

---

[1]) Merkel, Abhandlungen II, S. 118.

[2]) Binding, Lehrbuch, I. Band, S. 364.

[3]) Carrara, Studi sul delitto perfetto, Lucca 1879, S. 13, 178 („la formula cardinale nella quale sintentizzo la nozione del delitto perfetto“).

sächliche Erlangung eines Vorteils durch den Täter (die Vollendung vom Standpunkt des Täters aus) kommt nicht in Betracht.

Analog wird auch die Regelung der Vollendung der verwandten Delikte, des Betrugs und der Erpressung, vorgeschlagen[1]: die Vollendung hat weder schon mit der Anwendung des Mittels (Täuschung, Drohung, Wissenlassen), noch erst mit der Bereicherung, sondern mit der Schädigung fremden Vermögens einzutreten.

I. Chantage und eigenmächtige Selbsthülfe.

Literatur: Merkel, Selbsthülfe in Holtzendorffs Rechtslexikon, 3. Aufl., III. Band, S. 664 ff. Leipuig, 1881).

Lauterburg, Die unerlaubte Selbsthilfe mit besonderer Beziehung auf das Strafrecht der Schweiz in: Zeitschrift für Schweizer Strafrecht, Jahrgang I, S. 97 ff.. Jahrgang II, S. 153 ff.

Goldschmidt, James, Die Strafbarkeit der widerrechtlichen Nötigung nach dem Reichsstrafgesetzbuch, Breslau 1897 (Strafrechtliche Abhandlungen, begründet von Bennecke, Heft 6).

Die Chantage bedient sich bestimmter Mittel, um den verbrecherischen Erfolg (Vermögensschädigung, rechtswidrige Bereicherung) herbeizuführen.

Wendet der Täter die Mittel der Chantage an, um sich einen Vorteil zu verschaffen, auf den er ein Recht hat oder ein Recht zu haben glaubt, so sind folgende zwei Fälle auseinanderzuhalten:

a) das angewendete Mittel der Chantage steht in einem tatsächlichen oder rechtlichen Zusammenhang mit dem erstrebten Vorteil; zwischen Mittel und Zweck besteht das Verhältnis der Konnexität[2];

b) zwischen dem angewendeten Mittel und der Forderung des Vermögensvorteils besteht kein Zusammenhang.

a) Im ersten Falle wird die Rechtswidrigkeit der Handlung durch den genannten Nexus zwischen Mittel und Zweck ausgeschlossen.

[1]) Vgl. Hegler, Vergleichende Darstellung, Bes. Teil, VII. Band, S. 527 ff.; Frank, daselbst, VI. Band, S. 26 ff.; s. auch Verhandlungen der Expertenkommission, I. Band, S. 410 ff.

[2]) Die Motive zum norwegischen Strafgesetz sprechen von „einem natürllchen Zusammenhang“, wobei sie diesen Begriff allerdings in einem weiteren Sinne fassen.

Verlangt der durch ein Verbrechen Verletzte oder der durch ein privatrechtliches Delikt Geschädigte Gutmachung des erlittenen Schadens unter Drohung mit gerichtlicher Anzeige oder Anklage, so liegt weder der Tatbestand der Chantage noch der Tatbestand eines Verbrechens überhaupt vor.

Ist der durch die strafbare Handlung verursachte Schaden kein Vermögensschaden oder läßt er sich nicht ziffermäßig feststellen, so kann leicht die Grenze zwischen der Forderung eines berechtigten und unberechtigten Vorteils überschritten werden. In diesen Fällen kommt der Ausbeutungscharakter der Chantage zur vollen Geltung und nur das charakteristische Merkmal der Ausbeutungsdelikte, das Streben nach einem übermäßigen, unverhältnismäßigen, exorbitanten Vorteil [1]), kann ein Kriterium für die Feststellung des Tatbestandes der Chantage abgeben [2]).

b) Bedient sich der Täter der Mittel der Chantage, um einen Vorteil zu erreichen, auf den ihm ein Recht zusteht, ohne daß zwischen dem Inhalt der Drohung und der Forderung des Täters ein Zusammenhang bestünde [3]), so begeht er ebenfalls keine Chantage.

In diesem Falle dienen die Mittel zur Herstellung eines dem Rechte entsprechenden Zustandes; die Rechtswidrigkeit der Mittel kann nur um ihrer selbst willen und nicht wegen des angedrohten Erfolges in Betracht kommen [4]).

Die Ausübung eines rechtswidrigen Zwangs durch Anwendung der Mittel der Chantage kann die Subsumption der Tat unter den Tatbestand der unerlaubten Selbsthülfe oder der Nötigung begründen.

---

[1]) Vgl. Schmidt, Vergleichende Darstellung . . . Bes. Teil, VIII. Band, S. 266: „quantitative Ausdehnung der Wertverschiebung".

[2]) Vgl. Kass.-H. 2512, wie die in Goltdammers Archiv, XXXVIII. Bd., S. 208, 209 mitgeteilten Entscheidungen des Reichsgerichts; bedenklich RGRspr. I, 495, RGSt. XXVI, 353.

[3]) Z. B.: Ein Juwelier läßt eine verheiratete Frau wissen, er werde den von ihr begangenen Ehebruch dem Gatten mitteilen, wenn sie ihre Schuld nicht zahlt.

[4]) Vgl. Glaser, Abhandlungen, S. 174 ff. und die an Glaser sich anlehnenden, für das geltende Recht nicht zutreffenden Kass.-H. 202, 282; RGSt. XX, 59, IV, 167, 280, VII, 378.

Da die modernen Strafgesetze den selbständigen Tatbestand der unerlaubten Selbsthülfe aufgegeben haben [1]), so kommt nur der Tatbestand der Nötigung in Betracht. Diesen Weg haben auch die meisten Gesetze eingeschlagen, indem sie die Mittel der Nötigung in analoger Weise wie die der Chantage regeln [2]).

K. Privat- oder Offizialanklagedelikt?

Literatur: von Liszt, Die Privatklage in Österreich, Gerichtssaal, XXIX. Bd., S. 187 ff. (Strafrechtliche Aufsätze und Vorträge, I. Band, S. 36 ff.)

Thomsen und John, Gutachten für den XII. deutschen Juristentag, Verhandlungen I, S. 193 ff., 223 ff.

Allfeld in: Vergleichende Darstellung des deutschen und ausländischen Strafrechts, Allgemeiner Teil, II. Band, S. 161 ff.

Die rechtsvergleichende Darstellung der Chantage zeigt, daß die Gesetzgebungen die Frage, ob dieses Verbrechen von Amts wegen oder auf Antrag zu verfolgen sei, nicht einheitlich regeln.

Während die meisten Gesetze die Chantage als Offizialdelikt betrachten, läßt das niederländische Strafgesetzbuch die Verfolgung der Chantage nur auf Klage des Verletzten eintreten und das norwegische Gesetz macht die Verfolgung ex officio davon abhängig, daß sie aus allgemeinen Rücksichten geboten sei.

Das heutige Strafrecht ist staatliches Strafrecht; die öffentliche Klage von Amts wegen bildet die Regel. Wenn der Staat in einzelnen Fällen auf sein Strafklagerecht durch Zulassung der Privatklage verzichtet, so müssen höchst dringende und gewichtige Gründe die Statuierung einer solchen Ausnahme begründen.

Die Gründe, die das Antragserfordernis bei der Chantage rechtfertigen sollen, gipfeln im wesentlichen darin, daß dem Interesse des Staates an der Verfolgung ein Interesse des Opfers an der Nichtverfolgung gegenübersteht.

Das Hinauszerren der Angelegenheit in die Öffentlichkeit des Gerichtssaales und der Presse kann eine Bloßstellung des Verletzten mit sich bringen, die für ihn viel schlimmer ist, als für

---

[1]) Vgl. hierzu: Binding, Handbuch des Strafrechts, Leipzig 1885, S. 318; Heimberger, Vergleichende Darstellung ... Allgemeiner Teil, IV. Band, S. 27.

[2]) Vgl. § 222, Abs. 2 des norwegischen, Art. 284, Abs. 2 des holländischen Strafgesetzbuchs.

den Täter die Strafe; die vom Chanteur in Aussicht gestellte Verletzung nimmt durch das Hinzutreten des *strepitus fori* an Intensität und Dimensionen zu [1]).

Ferner wird auf den Zusammenhang zwischen Chantage und Beleidigung hingewiesen; wie die letztere einen Angriff auf die Ehre oder den guten Ruf enthält, so bedient sich die Chantage der Drohung mit einer Verletzung oder Gefährdung der Ehre oder des guten Rufes.

Die Erwägungen, welche den Gesetzgeber veranlassen, die Verfolgung der Beleidigung von einem Antrag (einer Privatklage) des Verletzten abhängig zu machen, sollen ihn zum Verzicht auf den Offizialcharakter der Chantage bewegen [2]).

Die angeführten Gründe sind nicht geeignet, die Notwendigkeit des Antragserfordernisses zu begründen. Der Nachweis des Vorhandenseins eines Konfliktes zwischen den Privatinteressen, welche die Nichtverfolgung — und den öffentlichen Interessen, welche die Verfolgung verlangen, begründet nicht die Notwendigkeit, die Entscheidung über die Verfolgung eines Verbrechens in die Hand des Verletzten zu legen; es müßte vielmehr erst der Nachweis erbracht werden, daß gegenüber den allgemeinen die Privatinteressen mehr Rücksicht verdienen.

Dieser Nachweis kann für diejenigen Delikte nicht geliefert werden, welche einen brutalen Bruch der Rechtsordnung, einen tiefgehenden Eingriff in die Rechtssphäre des einzelnen bedeuten.

Ein solches Delikt ist die Chantage; sie ist vor allem ein Vermögensverbrechen, der Angriff auf die Ehre spielt nur die Rolle eines Mittels. Die Absicht des Täters ist darauf gerichtet, nicht einer bestimmten Person Schaden zuzufügen, sondern sich auf Kosten der rechtlich anerkannten Vermögenslage einer beliebigen Person einen Vorteil zu verschaffen. Die Person des Verletzten ist eine zufällige: die Chantage ist viel mehr gegen die menschliche Gesellschaft als gegen den einzelnen gerichtet.

---

[1]) Vgl. Tarde (Actes du congrès ... II, S. 691): „Comment le (i. e. le chantage) réprimer sans le consommer en quelque sorte, c'est à dire sans réaliser le plus souvent le fait dont la menace le constitue, la publication, sous forme d'un procès criminel, de secrets intéressant l'honneur de la victime?"

[2]) So insbesondere die französische Literatur; vgl. z. B. Chauveau-Hélie, V. Band, Nr. 2132, Blanche, VI. Band, Nr. 74, Malvezy, S. 188 ff.

Im Gegensatz zum einzelnen, der an der Verfolgung der Chantage ein geringes, in der Regel sogar an der Nichtverfolgung ein großes Interesse hat, ist der Staat nicht nur berechtigt, sondern verpflichtet, die verbrecherischen Tendenzen zu bestrafen, wo sie sich auch zeigen, und er darf sich nicht in der Erfüllung dieser Aufgabe durch Verzicht auf die öffentliche Verfolgung eines Verbrechens von sozialgefährlichem Charakter ein Hindernis schaffen [1]).

Hiermit erledigt sich auch der Hinweis auf den Zusammenhang zwischen Chantage und Beleidigung; die Beleidigung trägt einen persönlichen Charakter, die Chantage entspringt der Gewinnsucht und erstrebt widerrechtliche Bereicherung, wobei die Person des Verletzten gleichgültig, rein zufällig ist.

Ferner ist speziell bei der Chantage zu erwägen, daß durch die Statuierung des Antragserfordernisses der gesetzliche Schutz illusorisch erscheint, da das Opfer nie oder fast nie es wagen wird, von der ihm zustehenden Befugnis Gebrauch zu machen [2]).

Andererseits können die mit der Offizialverfolgung für den Verletzten verbundenen Nachteile durch Ausschluß der Öffentlichkeit, Verbot des Wahrheitsbeweises und durch taktvolle Prozeßleitung gemildert werden [3]).

L. Die Strafen der Chantage.

Die Strafen der Chantage hängen von dem Strafsystem des Strafgesetzes ab; hier können nur die Strafen der Chantage im Verhältnis zu den Strafen der anderen Vermögensdelikte, insbesondere der Erpressung, und gesetzliche Strafänderungsgründe in Erwägung gezogen werden.

Die Chantage erfreut sich einer gelinderen Strafbarkeit als die Erpressung: so bildet im französischen Recht die Chantage ein Vergehen, die Erpressung ein Verbrechen, im norwegischen und holländischen Gesetz ist das Strafminimum der Chantage ein geringeres als das der Erpressung, und im russischen Straf-

[1]) Vgl. die Ausführungen der norwegischen Motive über die Strafklage (Udkast til almindelig borgerlig Straffelov for Kongeriget Norge, II. Motiver, Kristiania 1896, S. 132 ff.).

[2]) Vgl. République et canton Neuchâtel. Bulletin . . . S. 621.

[3]) Vgl. besonders die oben S. 74 mitgeteilte *circulaire du Garde des sceaux du 30 mai 1863.*

gesetz ist die Straftat der Chantage eine leichtere, als die der Erpressung.

Diese Regelung ist darauf zurückzuführen, daß die Mittel der Chantage und der Erpressung einen qualitativen Unterschied aufweisen, da die Mittel der Erpressung schon an sich rechtswidrig sein müssen. Dagegen läßt sich mit Recht einwenden, die mildere Strafe der Chantage sei eine Prämie der Raffiniertheit [1]); außerdem stellen einzelne Fälle der Chantage mit Rücksicht auf die Gesinnung des Täters, wie auf das verletzte Rechtsgut einen gefährlicheren Rechtsbruch dar, als einzelne Fälle der Chantage [2]).

Nur ein Strafrahmen von größerer Spannweite kann diesen Erwägungen Rechnung tragen.

Ferner ist neben der Freiheitsstrafe die kumulative Androhung einer Geldstrafe für die Chantage, eine der Gewinnsucht entspringende Handlung, geboten.

Als gesetzliche Strafschärfungsgründe kommen in Betracht:

a) die Begehung durch die Presse,

b) die mit besonderen Qualen für das Opfer verbundene Begehung,

c) die gewerbsmäßige Begehung.

Schlußwort.

Mit der Begründung der Notwendigkeit eines selbständigen Tatbestandes der Chantage ist der zukünftigen Strafgesetzgebung in Deutschland und Österreich der Weg gewiesen. Die Aufstellung eines Tatbestandes der Chantage füllt eine Lücke des österreichischen Strafgesetzes aus; dem deutschen Gesetzgeber ermöglicht sie eine zweckmäßige Gestaltung des Tatbestandes der Erpressung [3]).

[1]) So Zürcher, Verhandlungen der Expertenkommission, II, S. 537.

[2]) Die deutschen Richter sahen sich — nach den Berichten der Tagespresse — mehrmals veranlaßt, ihrem Bedauern darüber Ausdruck zu geben, daß auch das gesetzlich zulässige Höchstmaß der Strafe keine genügende Sühne für einzelne Fälle der Chantage biete.

[3]) Es sei hier insbesondere auf Franks Untersuchungen über die Erpressung im deutschen und ausländischen Strafrecht hingewiesen, deren Ergebnisse (Zerlegung des Erpressungsbegriffs im deutschen Strafgesetz in zwei Delikte, die sich durch die Natur der Verbrechensmittel unterscheiden) im wesentlichen für den in dieser Arbeit vertretenen Standpunkt sprechen.

FSC
www.fsc.org
MIX
Papier | Fördert gute Waldnutzung
FSC® C083411

Kolibri 360 GmbH
Ferdinand-Jühlke-Straße 7
99095 Erfurt, Deutschland
produktsicherheit@kolibri360.de